westermann

Robert Blanke, Marion Drees, Nils Kauerauf, Jörn Menne, Ralf Salih, Ingo Schaub, Christian Schmidt, Sarah Siebertz
Herausgeber: Ingo Schaub, Christian Schmidt

BWR für die Fachhochschulreife – Bürodesign GmbH

Arbeitsheft
Band 1

5. Auflage

Bestellnummer 30277

Die in diesem Produkt gemachten Angaben zu Unternehmen (Namen, Internet- und E-Mail-Adressen, Handelsregistereintragungen, Bankverbindungen, Steuer-, Telefon- und Faxnummern und alle weiteren Angaben) sind i. d. R. fiktiv, d. h., sie stehen in keinem Zusammenhang mit einem real existierenden Unternehmen in der dargestellten oder einer ähnlichen Form. Dies gilt auch für alle Kunden, Lieferanten und sonstigen Geschäftspartner der Unternehmen wie z. B. Kreditinstitute, Versicherungsunternehmen und andere Dienstleistungsunternehmen. Ausschließlich zum Zwecke der Authentizität werden die Namen real existierender Unternehmen und z. B. im Fall von Kreditinstituten auch deren IBANs und BICs verwendet.

Materialien für Lehrerinnen und Lehrer

Lösungen zum Arbeitsheft: 978-3-427-30160-8
Lösungen zum Arbeitsheft Download: 978-3-427-30285-8

Neuerungen:
- Aktualisierung von Grafiken und Übersichten
- Texte und Aufgaben teils an neuere Entwicklungen, insbesondere den digitalen Wandel, angepasst
- QR-Codes teils mit aktuellen Themenseiten verlinkt

westermann GRUPPE

Die Seiten dieses Arbeitshefts bestehen zu 100 % aus Altpapier.
Damit tragen wir dazu bei, dass Wald geschützt wird, Ressourcen geschont werden und der Einsatz von Chemikalien reduziert wird. Die Produktion eines Klassensatzes unserer Arbeitshefte aus reinem Altpapier spart durchschnittlich 12 Kilogramm Holz und 178 Liter Wasser, sie vermeidet 7 Kilogramm Abfall und reduziert den Ausstoß von Kohlendioxid im Vergleich zu einem Klassensatz aus Frischfaserpapier. Unser Recyclingpapier ist nach den Richtlinien des Blauen Engels zertifiziert.

Druck und Bindung: Westermann Druck GmbH, Braunschweig

ISBN 978-3-427-**30277**-3

Vorwort

Das vorliegende **Arbeitsheft** ist eine ideale Ergänzung zu der entsprechenden Lehrbuchreihe – es kann aber auch mit anderen Büchern eingesetzt werden:

Die Umsetzung des problem- und handlungsorientierten Unterrichts mit **Lernsituationen** wird erheblich erleichtert: Ausgewählte Einstiegssituationen aus dem Lehrbuch werden aufgenommen, durch zusätzliche Arbeitsaufträge und methodische Hinweise ergänzt und in eine klare unterrichtliche Struktur überführt. So wird das vom Lehrplan geforderte Lernen in vollständigen Lernhandlungen gestützt und die Ausarbeitung der didaktischen Jahresplanung erleichtert.

Durch **Arbeitsblätter** mit anregenden **Übungen** zu zentralen Begriffen und Zusammenhängen des jeweiligen Lernfeldes erhalten die Schülerinnen und Schüler ergänzend zum Lehrbuch zahlreiche Möglichkeiten, ihr neu erworbenes Wissen anzuwenden und zu festigen.

Prüfungsorientierte Aufgaben, in denen die für die Zwischen- und Abschlussprüfung geforderten Inhalte in der für die Prüfungen typischen Form abgefragt werden, runden die Unterrichts- und Lernhilfe ab.

Mit dem Arbeitsheft wird die häufig so schwierige **Dokumentation** von Lern- und Arbeitsergebnissen sichergestellt, sodass die **individuelle Lernberatung** und die **Leistungsbewertung** nach Phasen **selbstständigen Lernens** erleichtert werden.

Hinweise zur Nutzung des Arbeitsbuches

Bei den **Lernsituationen** finden die Nutzer des Arbeitsbuches Symbole, die eine Empfehlung hinsichtlich einer geeigneten **Sozialform** darstellen:

Einzelarbeit

Partnerarbeit

Gruppenarbeit

zunächst Einzel-, dann Partnerarbeit

zunächst Partner-, dann Gruppenarbeit

Die **Farben** unterscheiden sich nach der jeweiligen Phase der Lernhandlung.

Im Arbeitsbuch finden Sie QR-Codes vor, die Lern- und Arbeitshilfen oder auch ergänzende Anregungen enthalten. Mit Ihrem Smartphone oder Tablet sowie einer QR-Code-Scanner-App können Sie die Informationen einfach abrufen. In Foto-Apps integrierte QR-Erkennungen führen zuweilen zu fehlerhaften Ergebnissen.

Lehrkräfte können unter www.westermanngruppe.de die Lösungen als Download (Best-Nr. WEB-427-30285) erwerben. Als ergänzende Materialien finden Lehrkräfte dort zudem kostenfreie didaktische Hinweise, die eine Steuerung des Lehr-/ Lernprozesses erleichtern.

Inhaltsverzeichnis

HANDLUNGSFELD 1 Unternehmensstrategien im Management

HANDLUNGSFELD 2 Beschaffung

HANDLUNGSFELD 3 Leistungserstellung

HANDLUNGSFELD 4 Absatz

Unternehmensstrategien im Management

Lernsituation 1: Sie ordnen die Bürodesign GmbH in den gesamtwirtschaftlichen Zusammenhang ein

Sabine Sommer und Bülent Özdemir haben die Fachoberschulreife in der Tasche und wollen in der Höheren Handelsschule den schulischen Teil der Fachhochschulreife erwerben. Nach der Einschulung und dem Kennenlernen ihrer neuen Mitschüler sitzen sie neugierig in der ersten Stunde des Unterrichts im Fach Betriebswirtschaftslehre mit Rechnungswesen. Ihr Klassenlehrer, Herr Frank, ist auch ihr Fachlehrer. Er stellt ihnen das Fach vor und erläutert den Unterricht bis zu den Herbstferien. *„Im Fach Betriebswirtschaftslehre mit Rechnungswesen steht die Unternehmung mit ihren Leistungen, ihren Zielen und ihren Anspruchsgruppen im Mittelpunkt unserer Arbeit. Um ein Unternehmen konkret kennenzulernen, werden Sie noch vor den Herbstferien einen Betrieb in der Region besuchen. Damit Sie wissen, worauf Sie achten müssen, wollen wir vorher Kriterien erarbeiten und abstimmen, anhand derer das Unternehmen beschrieben werden kann. Damit wollen wir uns in den kommenden Stunden beschäftigen.“* Sabine meldet sich. *„Ich kenne natürlich viele Unternehmen aus der Werbung und vom Namen her. Aber lassen die uns auch herein?“ „Keine Angst“*, erwidert Herr Frank lächelnd, *„wir haben mit der Bürodesign GmbH, einem Hersteller von Büromöbeln, einen Kooperationspartner gewonnen, der sich schon auf Ihren Besuch freut. Viele ehemalige Schüler haben übrigens bei der Bürodesign GmbH einen Ausbildungsplatz bekommen!“ „Und was sollen wir da machen?“*, fragt Bülent, der begeisterter Hobbyfotograf ist. *„Fotos wären nicht schlecht, oder?“* Herr Frank lacht: *„Nein, nein, Sie sollen die Bürodesign GmbH anhand betriebswirtschaftlicher Kriterien untersuchen. Zum Beispiel sollen Sie feststellen, um welchen Betriebstyp es sich bei der Bürodesign GmbH handelt, in welchem Wirtschaftszweig das Unternehmen tätig ist, auf welcher Stufe der Verarbeitung es angesiedelt ist usw. Also, gehen wir an die Arbeit!“*

Analyse des Einstiegsszenarios

Um ein Unternehmen konkret kennenzulernen, werden Sabine Sommer und Bülent Özdemir zusammen mit ihrer Klasse noch vor den Herbstferien einen Betrieb in der Region, die Bürodesign GmbH, besuchen. Nennen Sie fünf Punkte, die Sabine und Bülent durch den geplanten Betriebsbesuch erfahren und lernen können.

Planen

Sie bereiten beispielhaft Ihren Besuch bei der Bürodesign GmbH vor. Damit Sie wissen, worauf Sie bei einem Unternehmensbesuch achten sollten und was Unternehmen kennzeichnet, füllen Sie bitte in Partnerarbeit mithilfe Ihres Schulbuches und des Internets folgende Übersicht aus.

Kriterien	Kennzeichen
Art der erbrachten Leistung	• Sachleistungsbetriebe • Dienstleistungsbetriebe
Verwendungszweck der Leistungen	
Wirtschaftszweig	
Stufen der Verarbeitung	
Zielsetzung	
Kostenstruktur	
Häufigkeit der Leistungswiederholung	
Betriebsgröße	
Standort	

Durchführen

Beschreiben Sie den Betriebstyp der Bürodesign GmbH. Lesen Sie dazu den Datenkranz der Bürodesign GmbH auf den Seiten 24 bis 35 in Ihrem Lehrbuch. Übertragen Sie Ihre Ergebnisse bitte auf ein Plakat oder in ein Programm, mit dem Sie Ihre Ergebnisse in der Klasse präsentieren.

Kriterien	Bürodesign GmbH
Art der erbrachten Leistung	Sachleistungsbetrieb
Verwendungszweck der Leistungen	
Wirtschaftszweig	
Stufen der Verarbeitung	
Zielsetzung	
Kostenstruktur	
Häufigkeit der Leistungswiederholung	
Betriebsgröße	
Standort	

Bewerten und reflektieren

Tauschen Sie sich mit einem anderen Paar aus und vergleichen Sie Ihre bisherigen Arbeitsergebnisse. Ergänzen Sie ggf. fehlende Punkte in Ihren bisherigen Arbeitsergebnissen. Danach präsentieren exemplarisch zwei Teams der Klasse Ihre Arbeitsergebnisse. Ergänzen Sie ggf. fehlende Punkte in Ihren Unterlagen.

Vertiefen und Lernergebnisse sichern

Ordnen Sie den in der linken Spalte unterstrichenen Wörtern in der rechten Spalte folgende Begriffe zu (Mehrfachzuordnungen sind möglich!).

Verkehrsbetrieb – Sachleistungsbetrieb – Handwerksbetrieb – Kreditinstitut – Konsumgut – Dienstleistungsbetrieb – Einzelhandelsbetrieb – Sachleistung

Nach der Schule chatten Sabine und Bülent:

Hallo Sabine, stellt dir vor, ich habe eben Mike gesehen, der früher in unserer Klasse war. Der fährt einen neuen MI 340. Super Auto!

Hallo Bülent, der Mike macht doch auch die Ausbildung bei einem Automobilhersteller. Was macht eigentlich seine Schwester Yvonne?

Sie macht ihre Ausbildung bei der Sparkasse Köln-Bonn.

Das ist gut. Die beiden haben schon einen Ausbildungsplatz. Mit unserem HöH-Abschluss haben wir auch bestimmt bald einen Ausbildungsplatz in der Tasche.

Ja, hoffentlich. An welchen Ausbildungsberuf hast du denn so gedacht? Also ich würde gerne in einem Sportgeschäft, bei Sport Activ, eine Ausbildung machen. Und du?

Ich habe überlegt, das Gleiche wie mein Vater zu machen und Schreinerin zu werden. Dann kann ich die Schreinerei meines Vaters später übernehmen.

Das hört sich auch gut an! Was machst du heute noch so, Sabine?

Ich muss gleich den Bus in die Stadt kriegen. Ich werde heute zu dem neuen Friseur Bella in der Innenstadt gehen und dann muss ich noch Chips besorgen, weil ich heute Abend bei Marissa auf dem Geburtstag eingeladen bin. So, ich muss jetzt mal Schluss machen. Bis Montag in der Schule!

Okay, mach's gut! Bis Montag!

Übung 1.1: Die Funktionsbereiche eines Betriebes

Erstellen Sie eine Übersicht über die einzelnen Funktionsbereiche eines Betriebes, indem Sie die fehlenden Begriffe in die folgende Übersicht einsetzen. Erklären Sie anschließend Ihrer Sitznachbarin/Ihrem Sitznachbarn das Schaubild in eigenen Worten.

Einnahmen – Lager – Realisieren – Dienstleistung – Betriebsmittel – Kontrollieren – Geldstrom – Absatz – Arbeitskräfte – Ziele setzen – Beschaffung – Entscheiden – Absatzmarkt – Verwaltung, z. B. Rechnungswesen

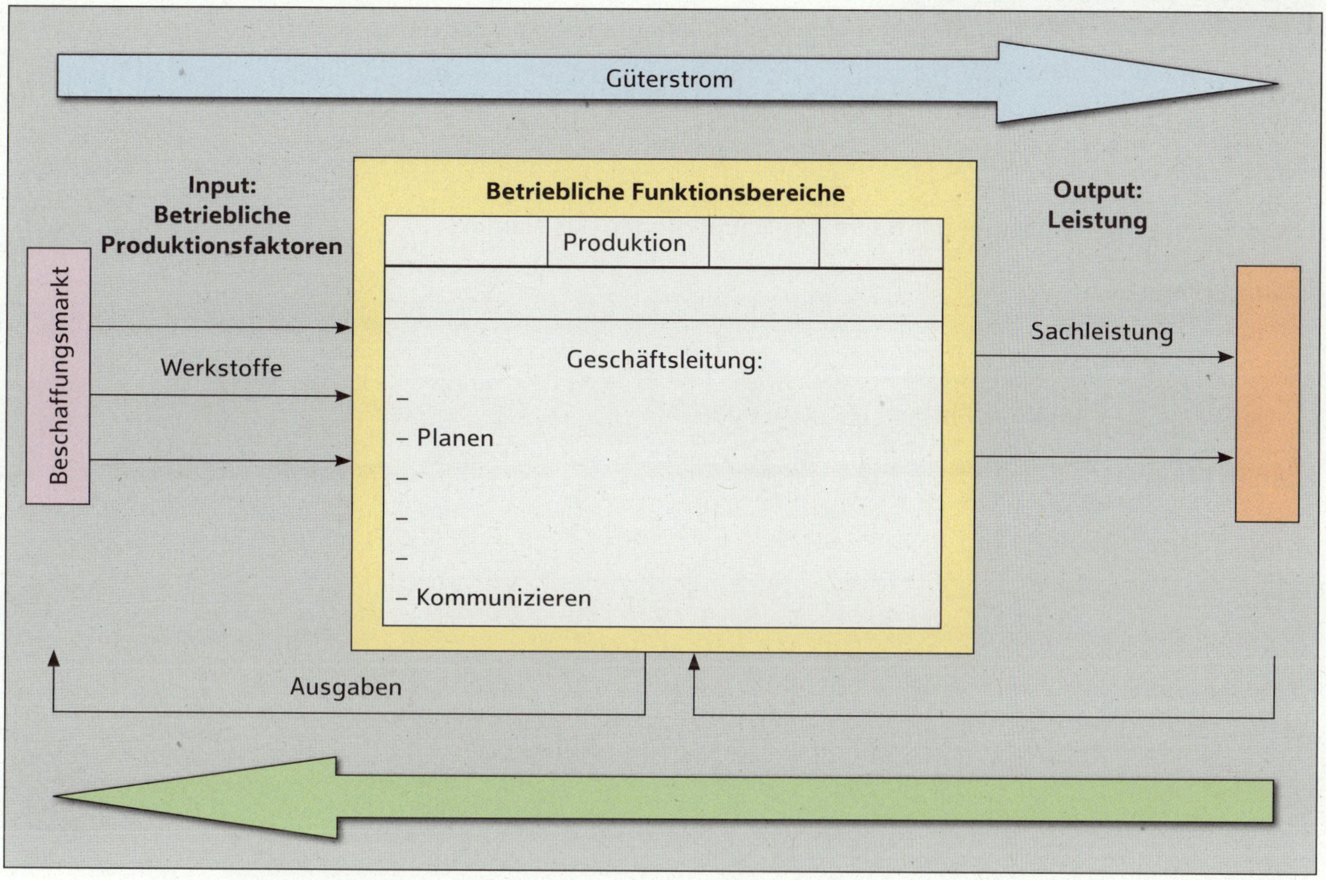

Übung 1.2: Die Bürodesign GmbH als Modell für ein Industrieunternehmen untersuchen

Testen Sie sich selbst, wie gut Sie die Bürodesign GmbH schon kennen, und finden Sie das gesuchte Lösungswort heraus. Lösen Sie die folgenden Fragen möglichst ohne den Datenkranz zur Bürodesign GmbH aus dem Lehrbuch und orientieren Sie sich am aufgeführten Beispiel.

(Hinweis: Bitte verwenden Sie für Umlaute, wie z. B. „ü", nur einen Buchstaben!)

Beispiel: Frage 1: Über wie viele Abteilungen verfügt die Bürodesign GmbH?

Lösung Frage 1: V I (E) R

Frage 2: An welchem Ort befindet sich der Geschäftssitz der Bürodesign GmbH?

Lösung Frage 2: _ _ _ ( )

Frage 3: Wie heißt die Geschäftsführerin der Bürodesign GmbH?

Lösung Frage 3: _ _ _ _ _   _ _ _ _ ( ) _ _ _ _

Frage 4: Wie heißt der Geschäftsführer der Bürodesign GmbH?

Lösung Frage 4: _ _ _ _ _   ( ) _ _ _ _

Frage 5: In welcher Straße befindet sich die Bürodesign GmbH?

Lösung Frage 5: _ _ ◯ _ ◯ _ _ ◯ _ _   _ _ _ _ _ _

Frage 6: Wie lautet der Name des Hauptkunden aus Hamm?

Lösung Frage 6: _ _ _ _ _ ◯ _   _ _ _ _   _ _ _ _

Frage 7: Welches Produkt ist „Xama 2000"?

Lösung Frage 7: _ ◯ ◯ _ _ _ _ _ _

	5	**7**	**7**	**5**	**3**	**1**	**4**	**6**	**5**	**2**
Lösungswort:	_	_	_	_	_	E	_	_	_	_

Lernsituation 2: Sie entwickeln eine Geschäftsidee und bereiten die Gründung eines Unternehmens vor

Sabine Sommer und Bülent Özdemir sind vom Klassenbesuch der Bürodesign GmbH beeindruckt (s. a. Lernsituation 1). Besonders Bülent ist von der Möglichkeit angetan, über die Selbstständigkeit zu Unabhängigkeit und Wohlstand zu kommen. Bei der Präsentation der Ergebnisse der Beobachtungsaufträge in der Klasse berichtet er ausführlich über die Chancen einer Unternehmensgründung. Herr Frank, der Klassenlehrer, freut sich über die Begeisterung seines Schülers für betriebswirtschaftliche Fragestellungen und gibt Bülent folgenden Hinweis. *„Wer den Schritt in die Selbstständigkeit wagen möchte, benötigt zuallererst eine Erfolg versprechende Geschäftsidee. Im Anschluss braucht jeder Existenzgründer einen Plan, der ihm dazu dient, die Zukunft seines Unternehmens in allen Einzelheiten vorauszudenken und Geldgeber oder Partner von seinen Erfolgschancen zu überzeugen. Der Businessplan berücksichtigt alle Faktoren, die für Erfolg oder Misserfolg des Unternehmens entscheidend sein können. Da Sie sich ja gerne nach der Höheren Handelsschule selbstständig machen möchten, brauchen Sie eine Geschäftsidee und ein Konzept für Ihre Selbstständigkeit“*, sagt Herr Frank zu Bülent. *„Wenn Sie eine Geschäftsidee und ein Konzept entwickelt haben, werde ich mir deine Unterlagen gerne anschauen. Dann können wir im Anschluss gerne das weitere Vorgehen planen“*, fügt Herr Frank hinzu. Bülent ist von dem Angebot seines Lehrers begeistert und will sofort loslegen.

Analyse des Einstiegsszenarios

Nennen Sie bitte vier Motive, die Bülent Özdemir mit dem Schritt in die Selbstständigkeit verbinden könnte.

____

____

____

____

____

____

Suchen Sie in Ihrer Gruppe nach einer gemeinsamen und realisierbaren Geschäftsidee, die Sie vielleicht später einmal verwirklichen möchten. Skizzieren Sie Ihre Geschäftsidee kurz.

____

____

____

____

____

____

Der Klassenlehrer Herr Frank erwähnt, dass die Erstellung eines Businessplans eine zwingende Voraussetzung für eine Unternehmensgründung ist. Beschreiben Sie mithilfe des Internets, was unter einem Businessplan verstanden wird, und nennen Sie wenigstens drei konkrete Inhalte, die ein Businessplan aufgreifen muss.

Definition Businessplan:

Drei Inhalte eines Businessplans:

Planen und durchführen

Sammeln Sie wichtige Voraussetzungen, die entscheidend für den Erfolg Ihrer angestrebten Selbstständigkeit sind. Sortieren Sie die Aspekte inhaltlich und finden Sie Überbegriffe.

Persönliche Faktoren		

Ihr Ziel ist es nun, sich über ihre Geschäftsidee und somit Selbstständigkeit genauer zu informieren. Führen Sie vier Organisationen oder Stellen auf, wo Sie sich über Ihre Geschäftsidee bzw. Selbstständigkeit informieren können.

Entwickeln Sie mit Unterstützung der nachfolgenden Checkliste ein Gründungskonzept. Gehen Sie auf mindestens sieben der nachfolgenden Punkte ein. Übertragen Sie Ihre Ergebnisse nicht nur in Ihr Arbeitsheft, sondern bitte auch auf ein Plakat oder in ein entsprechendes Präsentationsprogramm.

Checkliste – Geschäftskonzept

1. Geschäftsidee
- a. Was ist Ihre Geschäftsidee (Produkt und/oder Dienstleistung)?
- b. Welchen Nutzen hat Ihr Angebot bzw. warum soll jemand Ihr Produkt/Ihre Dienstleistung kaufen?
- c. Welche zusätzlichen Leistungen bieten Sie im Unterschied zu Ihrer Konkurrenz an?
- d. Wo liegen die Risiken bei der Umsetzung Ihrer Idee?

2. Persönliche Voraussetzungen
- a. Welche fachlichen Qualifikationen (Ausbildung, Berufserfahrung, Branchenkenntnisse ...) haben Sie?
- b. Welche unternehmerischen Qualifikationen (kaufmännische Kenntnisse, Führungserfahrung ...) haben Sie?
- c. Welche Schwächen gibt es? Wie werden diese ausgeglichen?

3. Markteinschätzung
- a. Welche Kundenwünsche bedienen Sie?
- b. Welche Kundengruppe wollen Sie ansprechen?
- c. Wie viel Geld sind die Kunden bereit für Ihr Produkt/Ihre Dienstleistung auszugeben?

4. Wettbewerbssituation
- a. Wer sind Ihre Konkurrenten?
- b. Wie stark ist Ihre Konkurrenz?
- c. Wodurch heben Sie sich von Ihrer Konkurrenz ab bzw. was ist das Besondere (Unique Selling Proposition) an Ihrem Produkt/Ihrer Dienstleistung?

5. Marketingkonzept
- a. Wie (mit welchen Maßnahmen) erreichen Sie Ihre Zielgruppe (Werbung, Öffentlichkeitsarbeit usw.)?
- b. Zu welchem Preis soll Ihr Produkt/Ihre Dienstleistung angeboten werden?
- c. Welche Vertriebsmöglichkeiten wollen Sie nutzen (direkter Verkauf, Katalog, Internet usw.)?

6. Organisation der betrieblichen Abläufe
- a. Wie wollen Sie Ihren Einkauf und den Verkauf organisieren?
- b. Welche technische Ausstattung, Maschinen, Ladeneinrichtung benötigen Sie?
- c. Wie stellen Sie ausreichende Warenvorräte sicher?

7. Personalbedarf

a. Werden weitere Mitarbeiter benötigt?
b. Welche Qualifikationen sollten diese Mitarbeiter haben (s. a. Punkt 2c)

8. Standortwahl

a. Welche Kriterien sollte ein geeigneter Standort für Ihr Unternehmen erfüllen?
b. Gibt es genügend Kunden im Einzugsgebiet des Standortes?

9. Handelsrechtlicher Rahmen

a. Wo muss das Unternehmen angemeldet werden?
b. Sind Sie Kaufmann nach HGB oder Kleingewerbetreibender?
c. Welchen Handelsnamen geben Sie Ihrem Unternehmen und was müssen Sie dabei beachten?
d. Welche Rechtsform ist für das Unternehmen geeignet?

10. Finanzielle Aspekte

a. Welchen Kapitalbedarf haben Sie?
b. Wer stellt das Kapital zur Verfügung?
c. Gibt es finanzielle Fördermöglichkeiten?
d. Mit welchen Umsatzhöhen rechnen Sie?

11. Zukunftsaussichten

a. Welche Ziele haben Sie sich für Ihr Unternehmen gesetzt?
b. Wie könnte die Entwicklung Ihrer Branche aussehen?
c. Rechnen Sie mit mehr Konkurrenten in Ihrem Markt?

Bewerten und reflektieren

Schritt 1:
Präsentieren Sie Ihr „Gründungskonzept" vor der Klasse. Die Zuhörer notieren sich wichtige Punkte zu einer Präsentation für eine folgende Bewertung.

Notizen zum Unternehmenskonzept von Gruppe: _____

Schritt 2:
Stellen Sie zunächst Vor- und Nachteile eines vorgestellten Gründungskonzeptes einer anderen Gruppe gegenüber. Geben Sie anschließend der von Ihnen bewerteten Gruppe eine konstruktive Rückmeldung.

Ich bewerte das Unternehmenskonzept von Gruppe: ______

Vorteile	Nachteile
______	______
______	______
______	______
______	______
______	______
______	______
______	______

Schritt 3:
Überdenken Sie anhand der Rückmeldungen Ihrer Mitschülerinnen und Mitschüler Ihr Geschäftskonzept in der Arbeitsgruppe und ergänzen/ändern Sie Ihre Unterlagen ggf.

Vertiefen und Lernergebnisse sichern

Die Abbruchquote der Unternehmensgründer in den ersten drei Geschäftsjahren liegt bei 33 %. Recherchieren Sie (z. B. im Internet) die typischen Defizite bei Unternehmensgründungen. Vergleichen Sie die Ergebnisse mit Ihrem Unternehmenskonzept.

____
____
____
____
____
____
____
____

Vergleichen Sie in der Tabelle die Situation einer/-s Angestellten mit der einer/-s Selbstständigen.

Kriterien	Angestellte/-r	Selbstständige/-r
Arbeitszeiten	______	______
	______	______
	______	______
	______	______
	______	______

Kriterien	Angestellte/-r	Selbstständige/-r
Urlaub/Freizeit		
Engagement/ Identifikation		
Berufliche Sicherheit		
Einkommen		

Wer als Unternehmer tätig sein möchte, muss über bestimmte Qualifikationen und Charaktereigenschaften verfügen. Schätzen Sie sich selbst ein, ob Sie ein Unternehmertyp sind, und gleichen Sie anschließend Ihre Selbsteinschätzung mit Ihrer Sitznachbarin/Ihrem Sitznachbarn ab.

Merkmale	Ausprägung				
	++	+	0	-	--
Zielorientiertes Denken und Handeln					
Systematische Arbeitsweise					
Kritikfähigkeit					
Anpassungsvermögen					
Lernbereitschaft					
Belastbarkeit (körperlich)					
Belastbarkeit (seelisch)					
Kontaktfähigkeit					
Risikobereitschaft					
Entscheidungsfähigkeit					
Durchhaltevermögen					
Bereitschaft, viel zu arbeiten					
Mobilität					

Übung 2.1: Der Businessplan

Suchen Sie im Internet nach drei Teilnahmemöglichkeiten an Gründungswettbewerben. Notieren Sie sich die Internetadressen und fordern Sie die Unterlagen an. Erstellen Sie in der Gruppe die Unterlagen für den Gründungswettbewerb und reichen Sie die Unterlagen ein.

Übung 2.2: Die Kaufmannseigenschaften

Jan Wolf, ein ehemaliger Freund von Renate Becker, einer Auszubildenden der Bürodesign GmbH, hat die Ausbildung als Kaufmann für Büromanagement aufgegeben, um sein eigenes Unternehmen zu gründen. Er handelt mit seinem Unternehmen, der Wolf Auto GmbH, als selbstständiger Kaufmann mit dem Ankauf- und Verkauf von Oldtimern. Mittlerweile erzielt Jan mit seinem Unternehmen einen jährlichen Gewinn von ca. 100.000,00 € und einen jährlichen Umsatz von ca. 1.000.000,00 €. Eine neue Freundin hat er auch. Und dann kommt plötzlich diese Karte:

Ihre Verlobung geben bekannt:

Anna Weber
Steuerfachgehilfin

Jan Wolf
Kaufmann

Die Verlobungsfeier findet statt am 2. Mai 20. .
um 15:00 Uhr im Dorfgemeinschaftshaus Winterscheid,
Stiftstraße 15, 53809 Winterscheid.

Renate ist sauer: *„Von wegen Kaufmann, der hat doch die Ausbildung abgebrochen."* Wenn alles gut geht, wird sie in einem Jahr Kauffrau sein, nämlich Kauffrau für Büromanagement. In der Mittagspause erzählt sie Herrn Kaya, ihrem Abteilungsleiter, von der Sache. Aber Herr Kaya weiß es natürlich wie immer besser: *„Sie sind doch nur eifersüchtig. Und wer Kaufmann ist, regelt das Handelsgesetzbuch."*

1. Beschreiben Sie die Reaktionen von Renate Becker und dem Abteilungsleiter Herrn Kaya auf die Verlobungskarte von Jan Wolf.

2. Beschreiben Sie mithilfe Ihres Lehrbuchs die verschiedenen Kaufmannseigenschaften.

Istkaufleute (§ 1 HGB):

Kannkaufleute (§ 2 und § 3 HGB):

Formkaufleute (§ 6 HGB):

Nichtkaufleute:

3. Stellen Sie fest, ob Jan Wolf Kaufmann im Sinne des Handelsgesetzbuches ist.

4. Erstellen Sie eine Übersicht über die einzelnen Kaufmannseigenschaften, indem Sie die fehlenden Begriffe in die folgende Übersicht einsetzen. Erklären Sie anschließend Ihrer Sitznachbarin/Ihrem Sitznachbarn die Übersicht in eigenen Worten.

Land- und Forstwirte – Handelsregistereintrag konstitutiv – Istkaufmann – Handelsregistereintrag deklaratorisch – Nichtkaufmann – Kannkaufmann (Eintragungswahlrecht) – Mit kaufmännischer Organisation – Kein Handelsregistereintrag – Kapitalgesellschaften (GmbH, AG)

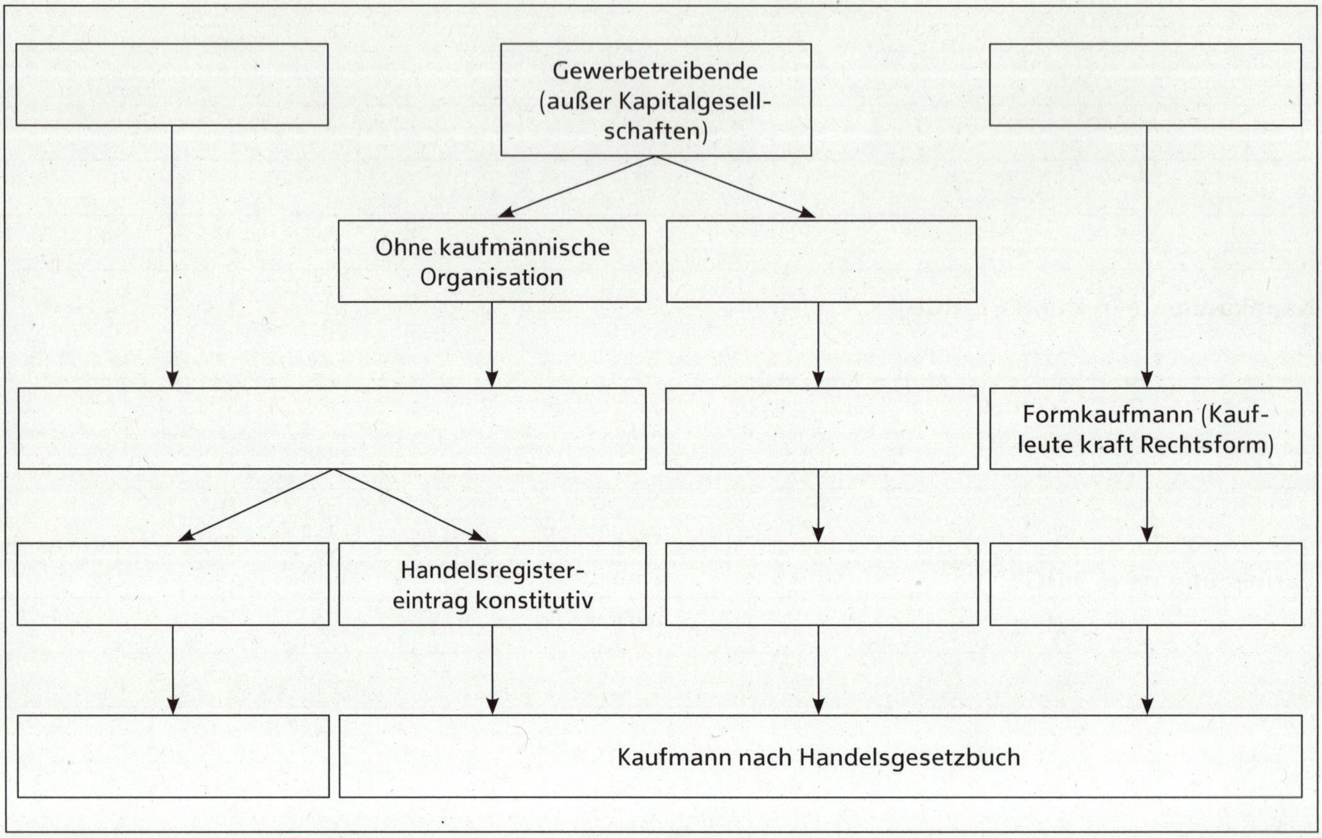

Übung 2.3: Die Firma

1. Erläutern Sie den Unterschied zwischen Unternehmen, Betrieb und Firma.

Unternehmen:

____

____

____

Betrieb:

____

____

____

____

Firma:

____

____

____

____

2. Füllen Sie mithilfe Ihres Lehrbuchs die folgende Übersicht aus.

Beschreibung	Firmenart
Die Firma besteht aus Namen und Gegenstand des Unternehmens.	______
______	Personenfirma
______	Fantasiefirma
Die Firma ist aus dem Gegenstand des Unternehmens abgeleitet.	______

3. Füllen Sie mithilfe des Internets die folgende Tabelle aus.

Name der Firma	Firmenart	Firmenzusatz
Robert Bosch GmbH	______	______
Langenscheidt GmbH & Co. KG	______	______
Volkswagen AG	______	______
Dr. August Oetker Nahrungsmittel KG	______	______
Deutsche Telekom AG	______	______

4. Füllen Sie mithilfe Ihres Lehrbuchs die folgende Übersicht aus.

Firmengrundsatz	Beschreibung
______	Für Außenstehende muss erkennbar sein, wer Firmeninhaber ist und welche Art von Unternehmung vorliegt.
Firmenklarheit	______
Firmenausschließlichkeit	______
______	Beim Erwerb eines Unternehmens darf die bisherige Firma nach Einwilligung des bisherigen Inhabers fortgeführt werden.
Firmenöffentlichkeit	______

5. Nachdem Sie die „Firmengrundsätze“ gelernt haben, können Sie Ihr Wissen selbst testen, indem Sie die unten aufgeführten Fälle bearbeiten.
   a) Herbert Müller möchte unter der Firma „Sportladen Müller e. K.“ ein Sportgeschäft eröffnen, obwohl bereits in derselben Stadt ein anderes Geschäft mit der gleichen Firma existiert. Wird das Registergericht dieser Bezeichnung unter Beachtung der Firmengrundsätze zustimmen? Begründen Sie Ihre Entscheidung.

   b) Paul Meier erwirbt ein Einzelhandelsgeschäft. Er möchte die bisherige Firma „Modehaus Baumann GmbH“ weiterführen. Ist dies möglich? Legen Sie auch mögliche Gründe dar, warum Paul Meier daran interessiert ist, das Unternehmen unter dem bisherigen Namen fortzuführen.

Übung 2.4: Das Handelsregister

Dem Abteilungsleiter Verkauf der Bürodesign GmbH, Herrn Stam, liegt eine schriftliche Bestellung eines Neukunden, der Hannover Bürobedarf GmbH, vor. Die Geschäftsführerin der Hannover Bürobedarf GmbH, Frau Petra Müller, möchte bei der Bürodesign GmbH Büromöbel im Wert von 30.000,00 € bestellen.
Da Herr Stam die Firma noch nicht kennt, hat er sich folgenden Handelsregisterauszug über die Hannover Bürobedarf GmbH besorgt.

Amtsgericht Hannover						
Abteilung B			Nummer der Firma: HR B 840			
Nr. der Eintragung	a) Firma b) Ort der Niederlassung (Sitz der Gesellschaft) c) Gegenstand des Unternehmens (bei juristischen Personen)	Grund- oder Stammkapital in €	Vorstand Persönlich haftende Gesellschafter Geschäftsführer	Prokura	Rechtsverhältnisse	a) Tag der Eintragung, und Unterschrift b) Bemerkungen
1	2	3	4	5	6	7
1	a) Hannover Bürobedarf GmbH b) 30159 Hannover c) Fachgeschäft für Bürobedarf	150.000,-	Rudi Rallala, Anneliese Midden	Herrn Walter Gerwien, Hannover, ist Einzelprokura erteilt.	Gesellschaft mit beschränkter Haftung	20.10.2005

Amtsgericht Hannover						
Abteilung B			Nummer der Firma: HR B 840			
Nr. der Eintragung	a) Firma b) Ort der Niederlassung (Sitz der Gesellschaft) c) Gegenstand des Unternehmens (bei juristischen Personen)	Grund- oder Stammkapital in €	Vorstand Persönlich haftende Gesellschafter Geschäftsführer	Prokura	Rechtsverhältnisse	a) Tag der Eintragung, und Unterschrift b) Bemerkungen
1	2	3	4	5	6	7
2			Petra Müller, Dirk Bremser	Die Einzelprokura des Walter Gerwien ist geblieben.	Geschäftsübergang auf Petra Müller und Dirk Bremser. Firmenfortführung	15.02.2010

Beantworten Sie in diesem Zusammenhang folgende Fragen:

1. Warum hat sich Herr Stam einen Handelsregisterauszug über die Hannover Bürobedarf GmbH besorgt?

2. Was versteht man unter dem Handelsregister?

3. Legen Sie dar, welche Informationen Sie aus dem Handelsregisterauszug gewinnen können.

Übung 2.5: Die Wahl der Rechtsform

Füllen Sie folgende Übersicht zu den einzelnen Unternehmensformen mithilfe Ihres Lehrbuches und des Internets aus.

Kriterien	Einzelunternehmung	Offene Handelsgesellschaft	Kommanditgesellschaft
• Definition			Handelsgesellschaft, bei der mindestens ein Gesellschafter unbeschränkt (Komplementär) und ein Gesellschafter in Höhe seiner Einlage (Kommanditist) haftet
• Gründung		• mindestens zwei Personen • formfreier Gesellschaftervertrag	
• Firma	Sach-, Personen-, Fantasiefirma oder gemischte Firma mit dem Zusatz „eingetragene/-r Kauffrau/-mann“ (e. K.)		
• Kapitalaufbringung			• kein Mindestkapital erforderlich • verbesserte Möglichkeiten der Eigenfinanzierung durch Aufnahme neuer Kommanditisten

Kriterien	Einzelunternehmung	Offene Handelsgesellschaft	Kommanditgesellschaft
● Haftung	Der Einzelunternehmer haftet allein und unbeschränkt (mit seinem Geschäfts- und Privatvermögen).		
● Geschäftsführung (im Innenverhältnis)		Jeder Gesellschafter ist berechtigt, allein die Geschäfte zu führen.	
● Vertretung (im Außenverhältnis)	allein durch den Einzelunternehmer		
● Gewinnverteilung			● lt. Gesellschaftsvertrag ● Wenn nichts geregelt ist im Gesellschaftsvertrag, dann gilt das HGB, d. h. 4 % auf das eingesetzte Kapital, Rest im angemessenen Verhältnis.
● Verlustverteilung		● lt. Gesellschaftsvertrag ● Wenn nichts geregelt ist im Gesellschaftsvertrag, dann nach Köpfen.	

Kriterien	Gesellschaft mit beschränkter Haftung	Aktiengesellschaft
• Definition	Handelsgesellschaft mit eigener Rechtspersönlichkeit, deren Gesellschafter mit ihren Geschäftsanteilen am Stammkapital der Gesellschaft beteiligt sind, ohne persönlich zu haften	
• Gründung		• beliebig viele Gründer, mindestens eine Person • notariell beurkundeter Gesellschaftervertrag (Satzung) erforderlich • Handelsregistereintrag erforderlich
• Firma		
• Kapitalaufbringung	• 25.000,00 € Stammkapital • Nennbetrag der Geschäftsanteile je Gesellschafter mindestens 1,00 € • Die Fremdkapitalbeschaffung ist durch die beschränkte Haftung der GmbH begrenzt.	
• Haftung		
• Geschäftsführung (im Innenverhältnis)		• durch den Vorstand (Gesamtgeschäftsführung) • per Satzung auch Einzelgeschäftsführung möglich
• Vertretung (im Außenverhältnis)	Die Geschäftsführer übernehmen die gerichtliche und außergerichtliche Vertretung (Einzel- oder Gesamtvertretung möglich).	
• Gewinnverteilung		

Kriterien	Gesellschaft mit beschränkter Haftung	Aktiengesellschaft
● Verlustverteilung		● Verluste werden durch Rücklagen oder mit Gewinnen der nachfolgenden Jahre ausgeglichen. ● Bei Überschuldung droht die Insolvenz.

Übung 2.6: Die Unternehmensorganisation nachvollziehen

1. Informieren Sie sich in Ihrem Lehrbuch über den Unterschied zwischen der Aufbau- und der Ablauforganisation. Halten Sie die wesentlichen Unterscheidungsmerkmale fest.

Aufbauorganisation:

Ablauforganisation:

2. In der Abteilung Lager/Versand der Bürodesign GmbH sollen die in der Tabelle aufgeführten Stellen im Rahmen einer **Reorganisation** gebildet werden. Die folgenden Kästchen enthalten neben der laufenden Nummer die **Art der Aufgabe** sowie die an einem Arbeitstag für diese Aufgabe **benötigte Zeit** in Minuten.

1 Gruppenaufsicht 240 Minuten	**2** Ausstellung der Versandpapiere 160 Minuten	**3** Verpacken der Waren 480 Minuten	**4** Aufräumen des Lagers 160 Minuten
5 Stadtlieferungen 900 Minuten	**6** Personaleinteilung 120 Minuten	**7** Erfassung des Wareneingangs im Computer 150 Minuten	**8** Erstellung der Tourenplanung 240 Minuten
9 Pflege des Fuhrparks 60 Minuten	**10** Einlagerung der Waren 400 Minuten	**11** Kontakt zu anderen Gruppen 120 Minuten	**12** Fernlieferungen 480 Minuten
13 Waren aus Lager entnehmen 400 Minuten	**14** Allgemeine Büroarbeit 80 Minuten	**15** Erfassung des Warenausgangs im Computer 150 Minuten	**16** Kontrolle im Lager 180 Minuten

3. Ordnen Sie jeder Stelle die geeigneten Aufgaben zu. Die Aufgabenzusammenfassung soll so erfolgen, dass der Stelleninhaber
   a) solche Aufgaben erledigt, die seiner Qualifikation entsprechen, und
   b) zeitlich ausgelastet ist, d.h., dass der Aufgabenumfang möglichst auf eine Arbeitszeit von täglich 8 Stunden zugeschnitten ist.

Stelle	Tätigkeit	Minuten
Gruppenleiter	1 = Gruppenaufsicht 6 = Personaleinteilung 11 = Kontakt zu anderen Gruppen	240 120 120
Kaufmännischer Angestellter (Großhandelskaufmann)		
Lagerfacharbeiter		
Lagerarbeiter (ungelernt)		
Lagerarbeiter (ungelernt)		

Stelle	Tätigkeit	Minuten
Packer		
Kraftfahrer Klasse 2		
Kraftfahrer Klasse 3		
Kraftfahrer Klasse 3 (gelernter Kfz-Schlosser)		

4. Vervollständigen Sie mithilfe Ihres Lehrbuches die folgende Übersicht zu den unterschiedlichen Unternehmensorganisationen.

	Einliniensystem		Stabliniensystem		Matrix-organisation
Erläuterung		Untergeordnete Stellen erhalten von mehreren Instanzen Weisungen.		Ein Unternehmen wird nach dem Objektprinzip in Sparten aufgeteilt. Für alle Sparten sind Zentralabteilungen zuständig, die nach dem Verrichtungsprinzip gebildet werden.	
Vorteil	– klare Abgrenzungen der Zuständigkeiten – übersichtlicher Aufbau		– Entlastung der Instanzen – Entscheidungsunterstützung durch Beratung – höhere Spezialisierung		– verbesserte Problemlösung durch den kombinierten Einsatz von Fachspezialisten – Teamarbeit
Nachteil		– Überschneidungen von Anweisungen – Kompetenzstreitigkeiten		– Gefahr der Doppelverrichtung – Die Unternehmensleitung verliert den Überblick.	
Skizze	– 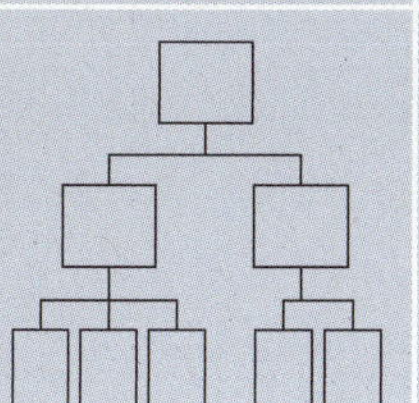	–	– 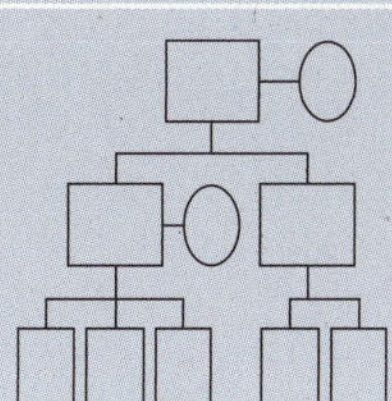	–	– 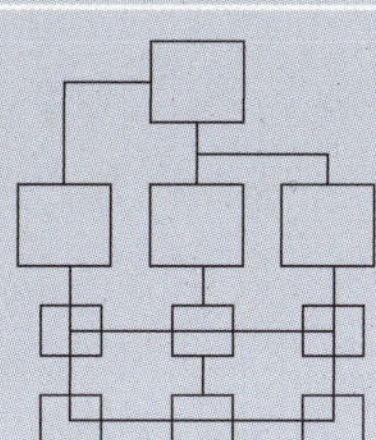

5. In der Schule präsentieren die Schülerinnen und Schüler die ermittelten Organisationsformen ihrer Praktikumsbetriebe. Ordnen Sie den unten aufgeführten Beispielen (Praktikumsbetriebe) die folgenden Organisationsformen zu:

   Einliniensystem, Mehrliniensystem, Stabliniensystem, Spartenorganisation, Matrixorganisation

Hinweis: Nicht jede der aufgeführten Organisationsformen muss den folgenden Beispielen zugeordnet werden.

Praktikumsbetrieb 1:

In der BüroDirect GmbH ist Frau Schneider Geschäftsführerin. Unter ihr befinden sich die Abteilungen Lager, Verkauf, Buchhaltung und Einkauf. Jeder Mitarbeiter einer Abteilung hat nicht nur einen direkten Vorgesetzten, sondern ist auch anderen höherrangigen Mitarbeitern weisungsgebunden.

Organisationsform: ______________________________

Praktikumsbetrieb 2:

Die Luxuswagen Baulen AG wird in zwei große Einheiten gegliedert, zum einen in die Verrichtungen (Lagern, Verkaufen, Einkaufen) und zum anderen in die Objekte (Gebraucht-, Neu-, und Jahreswagen). Die Mitarbeiter erhalten also von zwei Seiten ihre Weisungen.

Organisationsform: ______________________________

Praktikumsbetrieb 3:

In der Müller GmbH, Fachgeschäft für Büroeinrichtungen, ist Herr Müller alleiniger Geschäftsführer. Ihm untergeordnet befinden sich die Abteilungen Verwaltung/Personal, Verkauf, Lager und Einkauf. Die Abteilungsleiter erhalten die Weisungen nur durch Herrn Müller persönlich und leiten diese an die untergeordneten Mitarbeiter der jeweiligen Abteilung weiter.

Organisationsform: ______________________________

Praktikumsbetrieb 4:

Die Kaiser GmbH & Co. KG hat einen Geschäftsführer, Herrn Kaiser. Diesem sind die Abteilungen Einkauf, Verkauf, Verwaltung und Lager untergeordnet. Ihm stehen beratend Frau Schüller, welche sich um die Marketingaktivitäten in seinem Unternehmen kümmert, und seine Sekretärin Frau Weiler zur Seite.

Organisationsform: ______________________________

Lern- und Unterrichtscheck

Reflektieren Sie Ihr Lernen und Arbeiten sowie den zurückliegenden Unterricht und tauschen Sie sich anschließend darüber in Ihrer Klasse aus.

Eigener Lernerfolg	Trifft zu	Trifft nicht zu
1. Ich kann ein Unternehmen anhand relevanter Kriterien untersuchen und verschiedene Unternehmenstypen vergleichen.	☐	☐
2. Die Geschäftsidee eines Unternehmens kann ich nachvollziehen und Chancen und Risiken einer Selbstständigkeit beurteilen.	☐	☐
3. Ich kann Aspekte wie Kaufmannseigenschaft, Firma, Handelsregister und die Wahl der Rechtsform im Rahmen einer Existenzgründung nachvollziehen.	☐	☐
4. Die Organisationsformen eines Unternehmens kann ich unterscheiden.	☐	☐
Lern- und Arbeitsprozess	**Trifft zu**	**Trifft nicht zu**
1. Wir waren uns in den Partner- und Gruppenarbeitsphasen darüber im Klaren, was wir erreichen wollten.	☐	☐
2. Alle brachten sich gewinnbringend in die Partner- und Gruppenarbeitsphasen ein.	☐	☐
3. Mit der Qualität unseres Arbeitsergebnisses bin ich zufrieden.	☐	☐
Unterricht	**Trifft zu**	**Trifft nicht zu**
1. Die Bearbeitungszeit habe ich gut genutzt.	☐	☐
2. Mein/-e Lehrer/-in hat mich angemessen unterstützt und betreut.	☐	☐

Raum für Notizen

Lernsituation 3: Sie beschreiben Aufgaben und Aufgabenbereiche des Rechnungswesens

Silvia Land wechselt im Rahmen ihrer Ausbildung von der Abteilung Absatz ins Rechnungswesen. Herr Stam, der Leiter der Abteilung Absatz begleitet sie zu Frau König, der Gruppenleiterin des Rechnungswesens: *„Guten Tag, Frau König, ich bringe Ihnen eine Hilfe für die nächste Zeit.“* – *„Danke, mir wurde Frau Land schon angekündigt. Ich will sie sofort mit ihrer neuen Kollegin bekannt machen, nämlich mit unserer Finanz- und Lohnbuchhalterin, Frau Lapp.“*

Im Büro nebenan arbeiten Frau Brock, zuständig für die Statistik, und Herr Reiter, der Mitarbeiter der Kosten- und Leistungsrechnung und des Controllings. Während des Rundgangs durch die Abteilung erzählt Frau König von ihrer Arbeit. Sie meint, dass das Rechnungswesen das Nachrichtenzentrum für die Unternehmensleitung und die betrieblichen Abteilungen ist. Noch heute wollte Herr Stein, der Geschäftsführer, die Umsatzentwicklung des neuen Bürostuhls Ergo erfahren, der seit sechs Monaten verkauft wird. Anlässlich eines Auftrages der Bürobedarfsgroßhandlung Schneider & Co. OHG über 40.000,00 € will Frau Grell, Gruppenleiterin der Auftragsbearbeitung, wissen, ob der Kunde die bisherigen Lieferungen bezahlt hat. Außerdem will die Geschäftsleitung regelmäßig einen Kurzbericht über die Entwicklung des Gewinns oder Verlustes und der liquiden Mittel. Frau König stellt abschließend fest: *„Wir im Rechnungswesen sind das große Gedächtnis – eine Art Datenbank für die Unternehmungs- und Abteilungsleiter.“*

Analyse des Einstiegsszenarios

Beschreiben Sie die Aufgabe des Rechnungswesens mit der „Kopfstandmethode“, indem Sie den Satz vervollständigen: „Wenn die Bürodesign GmbH das Rechnungswesen abschafft, dann ...“

- verlieren die Verantwortlichen die Übersicht über die Geschäftsentwicklung,

Planen und durchführen

Das Rechnungswesen der Bürodesign GmbH wird von Frau König als das „große Gedächtnis der Unternehmung, eine Art Datenbank“ bezeichnet. Klären Sie in Partnerarbeit mithilfe Ihres Schulbuches die Aufgabenbereiche des Rechnungswesens. Erfassen Sie diese in der unten abgebildeten Tabelle. Erklären Sie sich anschließend abwechselnd die jeweiligen Aufgabenbereiche des Rechnungswesens. Tun Sie dies in freien Worten, ohne in Ihre Unterlagen zu schauen.

Aufgabenbereiche des Rechnungswesens			
Finanzbuchhaltung	Kostenrechnung	Statistik	Planung

Erläutern Sie, warum das Rechnungswesen der Bürodesign GmbH auch als „Informations-, Kontroll- und Steuerungssystem“ bezeichnet wird.

Bewerten und reflektieren

Gehen Sie mit einem anderen Schülerpaar zusammen und vergleichen Sie über Kreuz Ihre bisherigen Ergebnisse. (Bilden Sie dazu zwei neue Paare.)

Vertiefen und Lernergebnisse sichern

Listen Sie auf, welche Erkenntnisse die Bürodesign GmbH durch das Rechnungswesen erhält.

____

____

____

____

____

____

____

Übung 3.1: Das Rechnungswesen als Informations-, Kontroll- und Steuerungssystem

Durch zahlreiche Geschäftsfälle verändert sich ständig die Höhe der Vermögensteile in der Bürodesign GmbH. Das Rechnungswesen ist ein wichtiges **Informations-, Kontroll- und Steuerungssystem** für die Bürodesign GmbH. Vervollständigen Sie die Tabelle, indem Sie in der ersten Spalte Informationen aufführen, welche die Unternehmensleitung aus dem Rechnungswesen erhält, um in den folgenden Spalten Möglichkeiten der Kontrolle und der Steuerung zu benennen.

Information	Möglichkeiten der Kontrolle	Möglichkeiten der Steuerung
Gewinnentwicklung	● Verläuft die Gewinnentwicklung wie geplant und gewünscht? ● Wie hoch ist der erzielte Gewinn?	● Reduzierung der Ausgaben/Aufwendungen ● Investitionen planen und durchführen
Verkaufszahlen und Umsatzentwicklung		
Höhe des Bankguthabens		
Überwachung der Zahlungseingänge		
Ausgaben für Materialeinkäufe		
Art und Höhe und der Schulden		

Übung 3.2: Soll-Ist-Vergleiche im Rechnungswesen

Eine wichtige Funktion des Rechnungswesens ist die Kontrolle. Dies geschieht unter anderem durch Soll-Ist-Vergleiche. Benennen Sie für die folgenden Beispiele mögliche Ursachen für die Differenz zwischen den Soll- und Ist-Werten.

Soll	Ist	Mögliche Ursachen
Im Outletstore der Bürodesign GmbH ergibt sich nach dem Abschluss der Tageskasse ein Kassensollbestand von 3.425,00 €.	Tatsächlich befinden sich jedoch nur 3.405,00 € in der Kasse.	
Angestrebt wurde ein Jahresumsatz von 390.000,00 €.	Erreicht wurde ein Umsatz von 345.000,00 €.	
Die Bürodesign GmbH hat lt. ihrem Warenwirtschaftssystem einen Lagerbestand von 25 Bürostühlen des Typs Picto.	Durch das Nachzählen im Rahmen der Inventur ergibt sich ein tatsächlicher Lagerbestand von nur 22 Stück.	
Angestrebt wurde ein Jahresgewinn von 65.000,00 €.	Erreicht wurde ein Jahresgewinn von 85.000,00 €.	
Das Regalsystem Wikinger sollte lt. Bestandsliste der Bürodesign GmbH 46-mal im Lager sein.	Bei der Inventur wurden jedoch 49 Regalsysteme gezählt.	

Lernsituation 4: Sie planen eine Inventur, führen diese durch und werten sie aus

Silvia Land, Auszubildende der Bürodesign GmbH, ist seit einer Woche in der Abteilung Rechnungswesen, als sie ein Gespräch zwischen Herrn Stein und Frau König mithört:

Herr Stein: *„Thomas Weil e. K. – Sie wissen schon, Frau König, der Hersteller von Kleinmöbeln neben uns – will aus Altersgründen zum 31. Dezember seinen Betrieb aufgeben. Er hat uns ein Angebot gemacht."*

Frau König: *„Wir suchen doch seit Langem nach Möglichkeiten der Erweiterung unserer Fertigungshalle, das wäre doch ideal!"*

Herr Stein: *„Aber der Kaufpreis entspricht nicht ganz unseren Vorstellungen."*

Frau König: *„Aber da sind doch sicher Maschinen und Vorräte. Bitten Sie doch Herrn Weil, eine Inventur durchzuführen, um uns ein aktuelles Inventar aufzustellen, damit wir nicht die Katze im Sack kaufen."*

Herr Stein: *„Ja, das sollten wir tun, ich werde umgehend mit Herrn Weil Kontakt aufnehmen und ihm anbieten, zur Unterstützung unsere Auszubildenden rüberzuschicken."*

Analyse des Einstiegsszenarios

Erläutern Sie in Einzelarbeit, warum Frau König wünscht, dass Herr Weil eine Inventur durchführen und ein Inventar aufstellen soll.

____

____

____

____

____

____

Nennen Sie notwendige Vorbereitungen, an die Herr Weil denken muss, um die anstehende Inventur zu planen.

____

____

____

____

____

____

Erläutern Sie, welche Ziele eine Inventur verfolgt, und stellen Sie Ihre Überlegungen Ihrer Sitznachbarin bzw. Ihrem Sitznachbarn vor.

Planen und entscheiden

Planen Sie eine Inventur des Unternehmens Thomas Weil e. K. in Gruppenarbeit.

Schritt 1:
Informieren Sie sich zunächst über die verschiedenen Inventurverfahren nach der Art der Aufnahme und stellen Sie diese in der folgenden Lernübersicht dar.

Arten der Inventurverfahren
Körperliche Inventur:
Buchinventur:
Stichtaginventur:
Zeitnahe Inventur:

Entscheiden Sie: Welche Inventurverfahren werden bei der Inventur des Betriebes von Thomas Weil e. K. Anwendung finden?

Schritt 2:
Entwickeln Sie einen **Inventurablaufplan** zur Durchführung der Inventur. Dieser sollte eine Übersicht liefern,

❍ wer	❍ welche Vermögensgegenstände	❍ wo	❍ wann

erfasst.

Skizzieren Sie Ihren Plan zusätzlich auf einer Folie/einem Plakat/einem Rechner und stellen Sie ihn in der Klasse vor, bevor Sie ihn ins Arbeitsheft übernehmen. Einigen Sie sich in der Klasse auf die Nutzung eines einheitlichen Inventurablaufplanes.

Mögliche Lösung eines Inventurablaufplans:

Inventurablaufplan				
Name	Ort	Gang	Fach	Aufnahmetag/Zeit

Schritt 3:
Bevor Sie nun eine beispielhafte Inventur durchführen, sollten Sie die folgende Frage klären:

Begründen Sie, warum die Werkstoffe mit ihrem Bezugs-/Einstandspreis bewertet werden müssen bzw. fertig erzeugte Produkte mit ihren Herstellungskosten.

Durchführen

Silvia Land und Torsten Menne sind für die Inventurarbeiten im Werkstofflager des Unternehmens Thomas Weil e. K. eingesetzt. Um einen reibungslosen Inventurablauf zu ermöglichen, hat Thomas Weil im Rahmen der vorbereitenden Inventurarbeiten alle aufzunehmenden Artikel bereits mit den Bezugs-/Einstandspreisen versehen. Silvia Land und Torsten Menne sind im Gang 4 und stehen vor dem Fach 2. Dort befinden sich verschiedene Span- und Tischlerplatten sowie Holzbalken:

- Spanplatten 100 cm × 40 cm, 12 Stück; Bezugspreis/Einstandspreis 3,20 €/Stück
- Spanplatten 125 cm × 100 cm, 20 Stück; Bezugspreis/Einstandspreis 6,70 €/Stück

- Spanplatten 180 cm × 120 cm, 9 Stück; Bezugspreis/Einstandspreis 9,20 €/Stück
- Tischlerplatten, Standard 2 cm × 100 cm × 50 cm, 4 Stück; Bezugspreis 8,50 €/Stück
- Tischlerplatten Standard 2 cm × 100 cm × 75 cm, 10 Stück; Bezugspreis 10,50 €/Stück,
- Tischlerplatten Nussbaum 2 cm × 150 cm × 100 cm, 8 Stück; Bezugspreis 16,00 € pro Quadratmeter
- Holzbalken 5 cm × 5 cm × 300 cm, 12 Stück; Bezugspreis 1,10 € pro Meter

Führen Sie nun eine Inventur der von Silvia Land und Torsten Menne vorgefundenen Span- und Tischlerplatten sowie Holzbalken durch. Verwenden Sie dazu die folgende Aufnahmeliste:

Aufnahmeliste				**Bewertung**	
Abteilung: ______ **Lagerort:** ______					
Nr.	**Gegenstand**	**Festgestellte Menge**		**Wert je Einheit in €**	**Inventurwert in €**
	Handelsübliche Bezeichnung	**Anzahl**	**Einheit Stück, kg, m, cm**		
___	______	___	___	___	___
___	______	___	___	___	___
___	______	___	___	___	___
___	______	___	___	___	___
___	______	___	___	___	___
___	______	___	___	___	___
___	______	___	___	___	___

Bewerten und reflektieren

Vergleichen Sie in Partnerarbeit Ihre ausgefüllten Inventurlisten und gehen Sie selbstständig eventuellen Abweichungen nach.

Beurteilen Sie anschließend in Partnerarbeit Ihre Vorbereitung sowie die Ausführung der Inventur mit den folgenden Hilfsfragen.

Wie hilfreich war die vorgegebene Inventurliste? Was würden Sie an der Liste ändern?

Auf welche Schwierigkeiten sind Sie gestoßen?

Vertiefen und Lernergebnisse sichern

Erstellen Sie eine Mindmap oder eine Zusammenfassung, die Ihnen bei einem drei- bis fünfminütigen Vortrag oder Podcast zur Inventur hilft. Dabei sollten Sie auf die folgenden Aspekte eingehen können:

a) Vorbereitung der Inventur: Was muss alles beachtet und entschieden werden?
b) Hilfsmittel zur Durchführung der Inventur: Was hilft bei einer reibungslosen und zügigen Inventur?
c) Bewertungsprobleme: Warum sind Roh-, Hilfs- und Betriebsstoffe mit den Anschaffungskosten anzusetzen?

Lassen Sie sich im Anschluss an Ihren Vortrag ein Feedback geben.

Notizen zur Vorbereitung:

Übung 4.1: Ein Inventar erstellen

Im Unternehmen „Büromöbel Manfred Weckert e. K." wurde zum Abschlussstichtag 31.12.20.. die Inventur durchgeführt. Nun liegen die folgenden ungeordneten Informationen vor:

		€
UV	Kassenbestand lt. Kassenbuch (Anl. 10)	7.152,00
	Maschinen lt. Maschinenkarten (Anl. 1)	421.488,00
	Werkstoffe lt. Aufnahmelisten (Anl. 3)	680.570,00
	Hypothekenschuld: Sparkasse Aachen lt. Kontoauszug (Anl. 11)	764.700,00
	Unfertige Erzeugnisse lt. Aufnahmelisten (Anl. 4)	521.000,00
	Forderungen aus Lieferungen und Leistungen lt. Rechnungsdurchschriften (Anl. 7): ● Exakta Büromöbel GmbH, Schlossstr. 15, 53757 St. Augustin ● Karl Müller, Möbelhandel, Meterstr. 68, 52066 Aachen ● Rellek Bürohandels GmbH, Königbauerstr. 123, 52333 Düren	 974.400,00 266.560,00 914.625,00
	Darlehensschuld: Holzkönig GmbH, Lange Str. 1, 53111 Bonn lt. Vertragskopie (Anl. 12)	1.278.000,00
	Bankguthaben: ● Raiffeisenbank Aachen lt. Kontoauszug (Anl. 8) ● Sparkasse Aachen lt. Kontoauszug (Anl. 9)	 134.156,00 24.876,00
	Verbindlichkeiten aus Lieferungen und Leistungen lt. Rechnungen (Anl. 14): ● Holzkönig GmbH, Lange Str. 1, 53111 Bonn ● Müller & Söhne, Bürohandel, Grundstraße 17, 52525 Heinsberg	 425.600,00 163.520,00
	Bankschulden: Sparkasse Aachen lt. Kontoauszug (Anl. 13)	463.289,00
	Grundstück Industriestraße 130, mit Fabrikgebäude	847.820,00
	Betriebs- und Geschäftsausstattung lt. Inventur-Erläuterungsbogen (Anl. 2)	237.214,00
	Handelswaren lt. Aufnahmelisten (Anl. 6)	12.400,00
	Fertige Erzeugnisse lt. Aufnahmelisten (Anl. 5)	980.000,00

a) Sortieren Sie in einem ersten Schritt die vorliegende Liste. Kennzeichnen Sie dazu in der ersten Spalte
Vermögensgegenstände des Anlagevermögens mit **AV**,
Vermögensgegenstände des Umlaufvermögens mit einem **UV**,
langfristige Schulden mit einem **LS** und
kurzfristige Schulden mit **KS**.

b) Informieren Sie sich anschließend in Ihrem Schulbuch oder im Internet über die Gliederung eines Inventars. Stellen Sie aufgrund vorstehender Angaben und unter Beachtung der Grundsätze ordnungsmäßiger Buchführung das Inventar auf.

Inventar Büromöbel Manfred Weckert e. K. zum 31. Dezember 20..		
Art, Menge, Einzelwert **A. Vermögen** **I. Anlagevermögen**	**€**	**€**
Summe des Vermögens		
Summe der Schulden		

Übung 4.2: Inventare vergleichen und auswerten

Um das aktuelle Inventar mit dem des vergangenen Jahres besser vergleichen zu können, hat der Büromöbelproduzent Manfred Weckert e. K. diese mit einem Tabellenkalkulationsprogramm zusammengefasst.

Inventarvergl [Kompatibil

Start Einfügen Seitenlayout Formeln Daten Überprüfen Ansicht

N20 *fx*

	A	B	C	D	E	F	G
1	**INVENTARVERGLEICH**			**Vorjahr**	**Berichtsjahr**	**Abweichungen zum Vorjahr**	
2	Art			€	€	€	%
3	**A. Vermögen**						
4			1. Gebäude, Ring 18–20	871.820,00	847.820,00		
5			2. Grundstück unbebaut	58.749,00	0,00		
6			3. Maschinen	376.329,00	421.488,00		
7			4. Betriebs- und Geschäftsaustattung	296.518,00	237.214,00		
8			**Summe Anlagevermögen**				
9			5. Roh-, Hilfs- und Betriebsstoffe	733.260,00	680.570,00		
10			6. Unfertige Erzeugnisse	543.155,00	521.000,00		
11			7. Fertige Erzeugnisse	1.050.839,00	980.000,00		
12			8. Handelswaren	5.542,00	12.400,00		
13			9. Forderungen a. LL.	1.591.777,00	2.155.585,00		
14			10. Bankguthaben	9.976,00	159.032,00		
15			11. Kassenbestand	4.435,00	7.152,03		
16			**Summe Umlaufvermögen**	**3.938.984,00**	**4.515.739,00**		
17			**Summe des Vermögens**				
18							
19	**B. Schulden**						
20			1. Hypothek	780.742,00	764.700,00		
21			2. Darlehen	264.000,00	1.278.000,00		
22			3. Bankschulden	1.223.208,00	463.289,00		
23			4. Verbindlichkeiten a. LL.	875.145,00	589.120,00		
24			**Summe der Schulden**	**3.143.095,00**	**3.095.109,00**		
25							
26	**C. Errechnung des Eigenkapitals**						
27			Summe des Vermögens				
28			– Summe der Schulden				
29			**Eigenkapital = Reinvermögen**				

1. Berechnen Sie (mit einem Tabellenkalkulationsprogramm) die fehlenden Werte.

2. Geben Sie die Formeln für die unterlegten Felder an.

F 4	____________	D 18	____________
G 4	____________	E 27	____________
D 9	____________	E 29	____________

3. Vergleichen Sie die Inventare der beiden Jahre miteinander und stellen Sie in einem kurzen Bericht dar, welche Maßnahmen das Unternehmen im Berichtsjahr durchgeführt hat, um die Situation im Vergleich zum Vorjahr zu ändern.

4. Welche Ursachen könnten die Veränderung des Reinvermögens herbeigeführt haben?

Lernsituation 5: Sie leiten eine Bilanz aus dem Inventar ab und werten diese aus

Schon am 15. Januar kann Frau König im Beisein von Silvia Land Herrn Stein das gewünschte Inventar überreichen. Es umfasst 84 Seiten. Nach kurzem Blättern im Inventar sagt Herr Stein: *„Gute Arbeit! Und für den Kreditantrag bei der Sparkasse Köln-Bonn brauche ich die Bilanz. Bitte bringen Sie sie mir bis übermorgen 10:00 Uhr ins Büro."* – *„Noch einmal die ganze Arbeit?"*, denkt Silvia Land.

Inventar der Kleinmöbelfabrik Thomas Weil e. K. zum 31. Dezember 20..		
Art, Menge, Einzelwert	€	€
A. Vermögen		
I. Anlagevermögen		
1. Bebautes Grundstück, Eupener Landstr. 10		125.000,00
2. Gebäude Dieselstr. 2–4		240.000,00
3. Maschinen		112.000,00
4. Betriebs- und Geschäftsausstattung		70.500,00
5. Fuhrpark		5.000,00
II. Umlaufvermögen		
1. Roh-, Hilfs- und Betriebsstoffe lt. Anlagen		
1.1. Rohstoffe	43.000,00	
1.2. Hilfsstoffe	23.500,00	
1.3. Betriebsstoffe	9.800,00	
2. Unfertige Erzeugnisse lt. Anlagen		45.300,00
3. Fertige Erzeugnisse lt. Anlage		41.000,00
4. Forderungen aus Lieferungen und Leistungen		
4.1. Stadtverwaltung Köln	12.500,00	
4.2. Klöckner Müller Elektronik, Düsseldorf	6.200,00	
4.3. Kruse GmbH, Hagen	2.500,00	
5. Bankguthaben bei Deutsche Bank Köln lt. Kontoauszug		5.100,00
6. Kassenbestand		200,00
Summe des Vermögens		
B. Schulden		
I. Langfristige Schulden		
Hypothek der Sparkasse Köln-Bonn lt. Kontoauszug und Darlehensvertrag		60.000,00
II. Kurzfristige Schulden		
1. Verbindlichkeiten aus Lieferungen und Leistungen		
1.1. Holzig GmbH, Detmold	158.500,00	
1.2. Flamingowerke, Lüdenscheid	115.200,00	273.700,00
Summe der Schulden		
C. Errechnung des Reinvermögens (Eigenkapital)		
Summe des Vermögens		
– Summe der Schulden		
Reinvermögen (Eigenkapital)		

[1] Das Inventar wurde aus didaktischen Gründen im Vergleich zum Lehrbuch abgeändert.

Analyse des Einstiegsszenarios

Ergänzen Sie zunächst die fehlenden Zahlen im vorliegenden Inventar. Begründen Sie anschließend das Interesse von Herrn Stein an der Bilanz der Kleinmöbelfabrik Thomas Weil e. K.

Planen, entscheiden und durchführen

Arbeiten Sie mit Ihrer Sitznachbarin bzw. Ihrem Sitznachbarn zusammen. Informieren Sie sich über den Aufbau und die Struktur der Bilanz, bei Bedarf auch mithilfe Ihres Lehrbuches oder im Internet. Stellen Sie auf Grundlage des Inventars eine ordnungsgemäße Bilanz zum 31. Dezember 20.. auf.

Information:

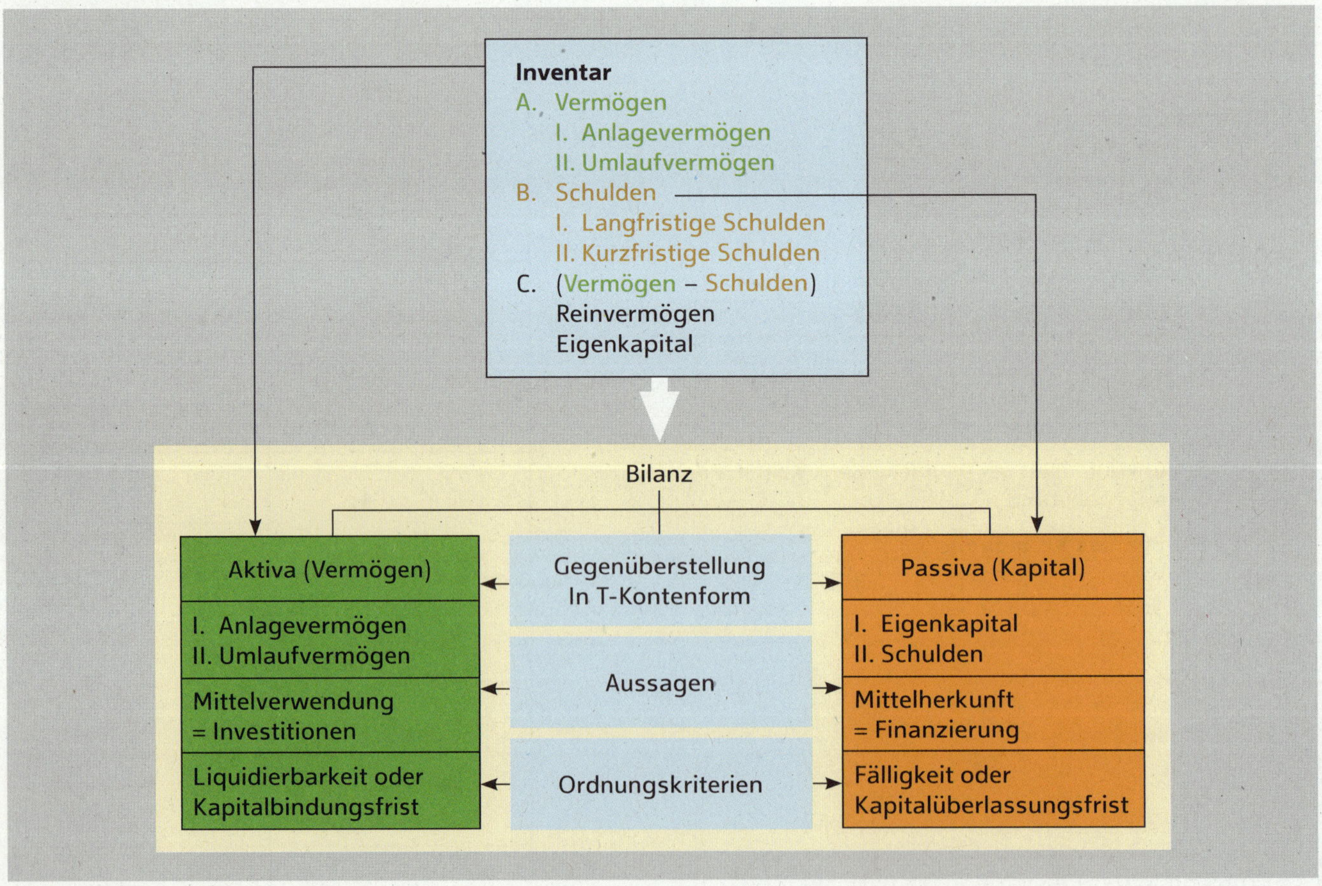

Aktiva	Bilanz Thomas Weil e. K.	Passiva

Köln, den 31.12.20.. ______________________

Werten Sie in Partnerarbeit die von Ihnen aufgestellte Bilanz aus. Berechnen Sie von den folgenden Bilanzpositionen die prozentualen Anteile am Gesamtkapital (auf zwei Stellen nach dem Komma runden).

- Anteil des Anlagevermögens:
- Anteil des Umlaufvermögens:
- Eigenkapitalanteil:
- Fremdkapitalanteil (Schulden):

Berechnen Sie zudem die Kennzahlen zur Anlagendeckung sowie die Liquidität des 1. und 2. Grades. (Informieren Sie sich dazu in Ihrem Schulbuch.)

- Anteil des Anlagendeckung:
- Liquidität 1. Grades:
  (Barliquidität)
- Liquidität 2. Grades:

Information:
Die **Vermögensstruktur** gibt Auskunft darüber, wie Anlage- und Umlaufvermögen im Verhältnis zum Gesamtvermögen im Unternehmen verteilt sind.
Die **Kapitalstruktur** zeigt, wie hoch der Eigenkapital- bzw. Fremdkapitalanteil am Gesamtvermögen des Unternehmens ist. Hier gilt: Je höher der Eigenkapitalanteil ist, desto größer sind die finanzielle Unabhängigkeit und Kreditwürdigkeit eines Unternehmens. Eine niedrige Eigenkapitalquote bedeutet ein hohes Insolvenzrisiko. Vergleichsunternehmen der Kleinmöbelfabrik Thomas Weil e. K. haben eine Eigenkapitalquote von 43 % und eine Anlagendeckung von 65 %.
Kritisch ist nach Meinung der Hausbank eine Barliquidität unter 80 % – eine Barliquidität von 90 % und mehr gilt als gut. Die Liquidität 2. Grades sollte mindestens 100 % betragen.

Bewerten

Gehen Sie mit einem anderen Paar zusammen und vergleichen Sie Ihre errechneten Kennzahlen. Überprüfen Sie Abweichungen und suchen Sie gemeinsam nach möglichen Fehlern.
Analysieren Sie die Bilanz sowie die errechneten Kennzahlen in Ihrer Gruppe und geben Sie eine erste Einschätzung bezüglich eines möglichen Kaufpreises für die Kleinmöbelfabrik Thomas Weil e. K. ab. Vergleichen Sie Ihre Einschätzungen anschließend in einem Klassengespräch.

Vertiefen und Lernergebnisse sichern

Notieren Sie zum Abschluss in Einzelarbeit drei Merksätze zum Inhalt und zur Struktur einer Bilanz.

Stellen Sie, ohne zunächst in Ihr Schulbuch zu schauen, die wesentlichen Unterschiede von Inventar und Bilanz in folgender Tabelle gegenüber.

Inventar	Bilanz

Lern- und Unterrichtscheck

Reflektieren Sie Ihr Lernen und Arbeiten sowie den zurückliegenden Unterricht und tauschen Sie sich anschließend darüber in Ihrer Klasse aus.

Eigener Lernerfolg	Trifft zu	Trifft nicht zu
1. Ich kenne den Zusammenhang zwischen Inventur, Inventar und Bilanz.	☐	☐
2. Ich kann selbstständig ein Inventar erstellen.	☐	☐
3. Aus einem Inventar kann ich eine Bilanz ableiten.	☐	☐
4. Ich kann eine Bilanz entsprechend der Formvorschriften aufstellen.	☐	☐
5. Mir gelingt es, Kennzahlen der Bilanz zu analysieren.	☐	☐
Lern- und Arbeitsprozess	**Trifft zu**	**Trifft nicht zu**
1. Ich arbeite sauber und akkurat, sodass auch Fremde meine Aufzeichnungen verstehen.	☐	☐
2. Mit den Partner- und Gruppenarbeitsphasen bin ich zufrieden, weil diese zu guten Arbeitsergebnissen führten.	☐	☐
3. Ich habe mich mit meinen Ideen und Fähigkeiten in Partner- und Gruppenarbeit einbringen können.	☐	☐
4. Arbeit- und Lernzeit habe ich gut genutzt.	☐	☐
Unterricht	**Trifft zu**	**Trifft nicht zu**
1. Die eingesetzten Unterrichtsmaterialien waren ansprechend und hilfreich.	☐	☐
2. Die Bearbeitungszeit im Unterricht war angemessen.	☐	☐
3. Mein/-e Lehrer/-in hat mich angemessen unterstützt und betreut.	☐	☐

Übung 5.1: Aussagen zur Bilanz überprüfen

Prüfen Sie die folgenden Aussagen zur Bilanz und berichtigen Sie die Aussagen.

Aussage	Korrektur
Das Anlagevermögen ist im Unternehmen kurzfristig angelegt.	
Verbindlichkeiten a. LL. werden auf der Aktivseite der Bilanz ausgewiesen und bezeichnen Gelder, die das Unternehmen noch bekommen soll bzw. auf die es noch einen Anspruch hat.	
In der Bilanz werden Vermögen, Schulden und Eigenkapital untereinander in Staffelform aufgeführt.	
Das Eigenkapital weist das Gesamtvermögen des Unternehmens in der Bilanz aus.	
Auf der Passivseite der Bilanz werden die Formen des Vermögens ausgewiesen, also die „Mittelverwendung".	

Übung 5.2: Eine Bilanz aufbereiten

Erstellen Sie auf der Grundlage der folgenden Zahlen eine aufbereitete Bilanz und ermitteln Sie die Prozentsätze der einzelnen Bilanzpositionen (auf zwei Stellen nach dem Komma runden).

Anlagevermögen 4.770.300,00 €, Umlaufvermögen 2.267.000,00 €, langfristige Verbindlichkeiten 2.250.000,00 €, kurzfristige Verbindlichkeiten 570.000,00 €

Aktiva	Aufbereitete Bilanz zum 31. Dezember 20..				Passiva
	€	%		€	%
Anlagevermögen			Eigenkapital		
Umlaufvermögen			Fremdkapital – langfristig – kurzfristig		
Bilanzsumme			Bilanzsumme		

Übung 5.3: Die Bedeutung verschiedener Belege

Durch den Geschäftsablauf in einem Unternehmen entsteht eine Vielzahl von Belegen. Sie ergeben sich z. B. durch:

- Einkäufe von Werkstoffen und Waren → Eingangsrechnungen (ER)
- Verkäufe fertiger Produkte auf Rechnung → Ausgangsrechnungen (AR)
- Kassenein- oder -auszahlung → Kassenbelege (KB)
- Zahlungsein- oder -ausgänge auf dem Bankkonto → Bankauszug (BA)

Nehmen Sie die Perspektive einer Mitarbeiterin bzw. eines Mitarbeiters der Bürodesign GmbH ein und benennen Sie die Art der folgenden Belege. Prüfen Sie deren rechnerische Richtigkeit und beschreiben Sie, welche Informationen sich aus den Belegen ergeben.

BÜRODESIGN GMBH
Ein ökologisch orientiertes Unternehmen mit Zukunft

Bürodesign GmbH • Stolberger Straße 188 • 50933 Köln
Büromöbel GmbH Europa
Lahnstraße 168
28199 Bremen

Telefon: 0221 688-3550
Telefax: 0221 668-357
E-Mail: kontakt@buerodesign-online.de
Internet: www.buerodesign-online.de

Rechnung

Kunden-Nr. L-5641
Rechnungs-Nr. 23890
Rechnungstag 17.12.20..
Bei Zahlung bitte angeben

Ihre Bestellung vom: 13.12.20..
Lieferdatum: 17.12.20..

Pos.	Artikel-Nr.	Artikelbezeichnung	Menge	Einzelpreis €	Gesamtpreis €
1	442/1	Stapelstuhl „Box“	17	74,50	1.258,00
2	520/2	Rollcontainer „Box“	23	82,00	1.886,00

Warenwert netto €	Verpackung €	Fracht €	Zwischensumme €	USt. %	USt. €	Gesamtbetrag €
3.144,00	–	–	3.144,00	19	597,36	**3.741,36**

Zahlbar sofort

BÜRODESIGN GMBH
Stolberger Straße 188
50933 Köln

Sparkasse KölnBonn
IBAN DE11370501980085313948 BIC COLSDE33XXX

Amtsgericht Köln, HRB 9842
Steuernummer: 223/8456/8844
USt-IdNr.: DE135795835

Geschäftsführer:
Dipl.-Ingenieurin Helma Friedrich
Dipl.-Kfm. Klaus Stein

Belegart: ______________________

Absender: ______________________

Adressat: ______________________

Information:

____

____

____

____

____

____

Rechnerisch richtig:

Ja ☐ Nein ☐

Fehler:

____

____

____

____

____

Vereinigte Spanplatten AG

Spanplatten · Umleimer

Tel.: 08 21 34 78 5
Fax: 08 21 34 67 9
E-Mail: info@vereinigte-spanplatten.de
Internet: www.vereinigte-spanplatten.de

Vereinigte Spanplatten AG, Ulmer Str. 12, 86154 Augsburg
Bürodesign GmbH
Stolberger Straße 188
50933 Köln

RECHNUNG

Ihre Bestellung	vom	Kunden-Nr.	Rechnungs-Nr.	Rechnungsdatum
020578	10.12.20..	53427	2780	18.12.20..

Pos.	Artikel-Nr.	Artikelbezeichnung	Menge	Einzelpreis €	Gesamtpreis €
1	1806	Tischlerplatten, 1.000 × 750 × 20	300	10,50	3.150,00
2	1810	Tischlerplatten, 1.500 × 2.000 × 20	540	13,50	7.425,00
Warenwert, netto € 10.575,00	Verpackung € –	Fracht € 120,00	Entgelt, netto € 10.695,00	19 % USt. € 2.035,05	Gesamtbetrag € **12.730,05**

Belegart: ______

Absender: ______

Adressat: ______

Information:

______

Rechnerisch richtig:

Ja ☐ Nein ☐

Fehler:

______

SEPA-Girokonto IBAN: DE11370501980085313948 BIC: COLSDE33XXX **Kontoauszug 231** **Blatt 1**

Sparkasse KölnBonn

Datum	Erläuterungen		Betrag
	Kontostand in € am 27.12.20.., Auszug Nr. 230		312.613,60 +
27.12. 20..	Überweisung VEREINIGTE SPANPLATTEN AG KD-NR 53427, RG-NR 2780 vom 18.12.20..	Wert: 28.12.20..	12.566,40 –
28.12. 20..	Zahlungseingang BÜROMÖBEL GMBH EUROPA, BREMEN KD-NR L-5641, RG-NR 23890 vom 17.12.20..	Wert: 28.12.20..	3.751,48+
	Kontostand in € am 28.12.20.., 10:14 Uhr		303.798,68+
	Ihr Dispositionskredit 200.000,00 €		

Bürodesign GmbH
Stolberger Straße 188, 50933 Köln

Belegart: ______

Absender: ______

Adressat: ______

Information:

______

Rechnerisch richtig:

Ja ☐ Nein ☐

Fehler:

______

PAUL KONSKI e.K.

Rosenstr. 3, 50934 Köln, Tel: 0221 6653783 | Fachgeschäft für Reinigungsmaterial

Bürodesign GmbH
Stolberger Str. 188
50933 Köln

	Datum: *13.06.20..*	€	Ct
3	*Besen*	*14*	*97*
1	*Bodenreiniger*	*7*	*25*
	Gesamt:	*22*	*22*

Vielen Dank für Ihren Besuch!

Verk. 1 — Betrag durch Barzahlung erhalten: *Konski*

In diesem Betrag sind 19 % USt. = *4,22 €* enthalten.

Belegart: ______
Absender: ______
Adressat: ______
Information:
______
______
______
______

Rechnerisch richtig:
Ja ☐ Nein ☐

Fehler:
______
______
______
______
______

Bürodesign GmbH Stolberger Str. 188 50933 Köln	**Quittung**
€ in Worten: neunhundertfünfzig	€ 950,00 Cent wie oben
von	Udo Stefer
für	Eckschreibtisch Modula
Köln, 17.12.20.. (Ort/Datum)	Betrag dankend in bar erhalten
Buchungsvermerke	Stempel/Unterschrift des Empfängers: Bürodesign GmbH i. V. *Torsten Menne*

Belegart: ______
Absender: ______
Adressat: ______
Information:
______
______
______
______

Übung 5.4: Wirkungen der Geschäftsfälle auf die Bilanz

Bearbeiten Sie die nachfolgenden Geschäftsfälle, indem Sie die vier Leitfragen beantworten.

Geschäftsfälle		Leitfrage 1	Leitfrage 2	Leitfrage 3	Leitfrage 4
		Welche Bilanzpositionen werden durch den Geschäftsfall berührt?	Handelt es sich um Posten der Aktiv- oder Passivseite der Bilanz?	Vermehrt oder vermindert der Geschäftsfall die einzelnen Bilanzposten?	Um welche der vier Bilanzveränderungen handelt es sich?
Geschäftsfall 1	**€**	Geschäftsausstattung	Aktivposten	Mehrung +1.420,00 €	Aktivtausch
Die Bürodesign GmbH kauft ein neues Lagerregal und zahlt dieses bar (Barkauf eines Lagerregals).	1.420,00	______	Aktivposten	______	
		______	______	______	

Geschäftsfälle		Leitfrage 1	Leitfrage 2	Leitfrage 3	Leitfrage 4
		Welche Bilanzpositionen werden durch den Geschäftsfall berührt?	Handelt es sich um Posten der Aktiv- oder Passivseite der Bilanz?	Vermehrt oder vermindert der Geschäftsfall die einzelnen Bilanzposten?	Um welche der vier Bilanzveränderungen handelt es sich?
Geschäftsfall 2	€				
Die Bürodesign GmbH nimmt ein Darlehen zum Ausgleich einer größeren Verbindlichkeit a. LL. auf.	9.500,00				
Geschäftsfall 3	€				
Die Bürodesign GmbH gleicht die Eingangsrechnung (ER 789) durch eine Banküberweisung (BA 455) aus.	7.400,00				
Geschäftsfall 4	€				
Ein Kunde bezahlt eine fällige Ausgangsrechnung (AR 96) bar im Outletstore (Kunde zahlt bar für AR 96).	490,00				
Geschäftsfall 5	€				
Die Bürodesign GmbH kauft für den Outletstore eine neue Kasse. Die Eingangsrechnung (ER 495) ist in 30 Tagen zu begleichen (Einkauf einer Kasse auf Ziel, ER 495).	2.880,00				
Geschäftsfall 6	€				
Ein Kunde bezahlt die Ausgangsrechnung (AR 101) durch eine Banküberweisung (BA 511). (Kunde zahlt durch Banküberweisung, BA 511 für AR 101.)	920,00				
Geschäftsfall 7	€				
Die Bürodesign GmbH überweist eine Rate (BA 513) zur Tilgung eines Darlehens (Tilgung eines Darlehens durch BA 513).	1.000,00				
Geschäftsfall 8	€				
Die Bürodesign GmbH verkauft einen gebrauchten Schreibtisch bar (Barverkauf eines gebrauchten Schreibtischs).	220,00				

Geschäftsfälle		Leitfrage 1	Leitfrage 2	Leitfrage 3	Leitfrage 4
		Welche Bilanzpositionen werden durch den Geschäftsfall berührt?	Handelt es sich um Posten der Aktiv- oder Passivseite der Bilanz?	Vermehrt oder vermindert der Geschäftsfall die einzelnen Bilanzposten?	Um welche der vier Bilanzveränderungen handelt es sich?
Geschäftsfall 9	€				
Die Bürodesign GmbH kauft einen neuen Lieferwagen. Die Eingangsrechnung (ER 696) ist in 20 Tagen zu begleichen (Fuhrpark, ER 696 auf Ziel).	20.120,00				
Geschäftsfall 10	€				
Ein Großkunde begleicht eine Rechnung über fünf Bürostühle (AR 102) per Banküberweisung (BA 914).	1.450,00				

Übung 5.5: Erfassung von Veränderungen des Vermögens und der Schulden auf Bestandskonten

Eröffnen Sie die Bestandskonten und buchen Sie die Geschäftsfälle aus der Übung 5.4. Achten Sie bereits hier auf eine wichtige Buchungsregel. Jeder Geschäftsfall löst je eine Buchung auf der Soll-Seite eines Kontos sowie auf der Haben-Seite eines anderen Kontos aus. Buchen Sie immer erst auf der Soll-Seite, bevor Sie auf der Haben-Seite die Gegenbuchung vornehmen!

Eröffnungsbilanz der Bürodesign GmbH

Aktiva		Passiva	
I. Anlagevermögen		**I. Eigenkapital**	989.500,00
1. Grundstück mit Bauten	765.000,00	**II. Fremdkapital (Schulden)**	
2. Fuhrpark	212.000,00	1. **langfristige** Darlehensschulden	760.000,00
3. Betriebs- und Geschäftsausstattung	170.500,00	2. **kurzfristige** Verbindlichkeiten a. LL.	373.700,00
II. Umlaufvermögen			
1. Roh-, Hilfs-, Betriebsstoffe	650.700,00		
2. Forderungen a. LL.	21.200,00		
3. Kasse	5.100,00		
4. Bankguthaben	298.700,00		
	2.123.200,00		2.123.200,00

Aktivkonten ↓

S	Grundstücke mit Bauten		H
AB	765.000,00		

S	Fuhrpark		H
AB	212.000,00		

Passivkonten ↓

S	Eigenkapital		H
		AB	989.500,00

S	Darlehensschulden		H
		AB	760.000,00

S	Betriebs- und Geschäftsausstattung	H

S	Verbindlichkeiten a. LL.	H

S	Roh-, Hilfs-, Betriebsstoffe	H

S	Forderungen a. LL.	H

S	Kasse	H

S	Bankguthaben	H

Lernsituation 6: Sie erfassen Belege systematisch im Grund- und Hauptbuch

Silvia Land arbeitet nun schon seit einiger Zeit in der Buchführung. Das Geschäftsjahr nähert sich dem Ende und die damit einhergehenden Belastungen sind auch für alle Mitarbeiter des Rechnungswesens spürbar. Als Frau König, die Gruppenleiterin des Rechnungswesens, zu Silvia ins Büro kommt, überreicht sie ihr einen ungeordneten Stapel an Belegen.
Frau König: *„Bitte buchen Sie die Geschäftsfälle und schließen Sie die betreffenden Konten ab. Zu Ihrer Hilfe haben Sie hier den Stand der aktuellen Belegnummern.“*
(Lfd. Nr. 3600, KA 710, ER 540, BA 250)

Bürodesign GmbH — **Quittung**
Stolberger Str. 188
50933 Köln
€ 180,00
€ in Worten: einhundertachtzig — Cent wie oben
von: Bernhard Grunwald
für: Regal – gebraucht
Belegnummer:
Köln, 20.12.20.. — Betrag dankend in bar erhalten
Ort/Datum
Buchungsvermerke
Stempel/Unterschrift des Empfängers: Bürodesign Gmbh T. Menne

SEPA-Girokonto IBAN: DE11370501980085313948 BIC: COLSDE33XXX **Kontoauszug** 252 **Blatt** 1
Sparkasse KölnBonn

Datum	Erläuterungen		Betrag
Kontostand in € am 18.12.20.., Auszug Nr. 251			226.100,00 +
21.12.20..	Bareinzahlung KASSENEINNAHMEN BÜRODESIGN GMBH	Wert: 21.12.20..	5.000,00 +
		Belegnummer	
Kontostand in € am 21.12.20.., 10:38 Uhr			231.100,00 +
Ihr Dispositionskredit 200.000,00 €			

Bürodesign GmbH
Stolberger Straße 188, 50933 Köln

Computec GmbH & Co. KG

Hard- und Softwarevertrieb

Computec GmbH & Co. KG, Volksparkstr. 12–20, 22525 Hamburg
Bürodesign GmbH
Stolberger Straße 188
50933 Köln

Tel.: 040 22446-69
Fax: 040 22446-64
info@computec.de
www.computec.de

Ihre Bestellung/Datum	Unser Zeichen	Kundennummer	Lieferdatum	Rechnungsdatum
15.12.20..	bu-ra	5839	23.12.20..	23.12.20..

Rechnung Nr. 715-05

Artikel-Nr.	Artikel-bezeichnung	Menge in St.	Einzelpreis in €	Gesamtpreis in €
3404	Drucker Laser-Fly	10	210,00	**2.100,00**

Belegnummer

KFZ-Handel

KFZ-Handel, Andreas JOOST e. K., Wodanstr. 15, 51107 Köln
Bürodesign GmbH
Stolberger Straße 188
50933 Köln

Tel.: 0221 785746
Fax: 0221 785748
Internet:
www.kfz-handel-joost.de
E-Mail:
info@kfz-handel-joost.de
Betriebs-Nr.: 13246833
Auftrags-Nr.: 455-112
Kunden-Nr.: 455-112
Datum: 19.12.20..

RECHNUNG

Amtl. Kennz.	Typ/Modell	Fahrzeug-Ident-Nr.	Zulassungstag	Annahmetag	km-Stand
K-ME-700	MB-102	3912-1295-32	21.12.20..	–	212

1 Lkw 7,5 Tonnen, MB 102 — 40.000,00

Belegnummer

SEPA-Girokonto IBAN: DE11370501980085313948 BIC: COLSDE33XXX **Kontoauszug** 251 **Blatt** 1
Sparkasse KölnBonn

Datum	Erläuterungen		Betrag
Kontostand in € am 16.12.20.., Auszug Nr. 250			232.100,00 +
18.12.20..	Tilgung Darlehensvertrag 6690-312	Wert: 18.12.20..	6.000,00 –
Kontostand in € am 18.12.20.., 10:10 Uhr			226.100,00 +

Belegnummer

Ihr Dispositionskredit 200.000,00 €

Bürodesign GmbH
Stolberger Straße 188, 50933 Köln

SEPA-Girokonto IBAN: DE11370501980085313948 BIC: COLSDE33XXX **Kontoauszug** 253 **Blatt** 1
Sparkasse KölnBonn

Datum	Erläuterungen		Betrag
Kontostand in € am 21.12.20.., Auszug Nr. 252			231.100,00 +
22.12.20..	Zahlungseingang BÜROMÖBEL GMBH EUROPA RECHNUNGSNUMMER 498-21 RECHNUNGSDATUM 13.12.20..	Wert: 21.12.20..	1.520,00 +
Kontostand in € am 22.12.20.., 9:54 Uhr			232.620,00 +

Belegnummer

Ihr Dispositionskredit 200.000,00 €

Bürodesign GmbH
Stolberger Straße 188, 50933 Köln

Ables, Wirtz & Co. KG

Abels, Wirtz & Co. KG, Industriestr. 124, 42653 Solingen
Bürodesign GmbH
Stolberger Straße 188
50933 Köln

Tel.: 0212 72114
Fax: 0212 72119
E-Mail: info@abels-wirtz.de
Internet: www.abels-wirtz.de

Lieferschein
Bei Zahlung/Rücksendung/Gutschrift unbedingt angeben

Kunden-Nr.	Lieferschein-Nr.	Datum
928454	489	20.12.20..

Belegnummer

Position.	Artikel-Nr.	Artikelbezeichnung	Einz Menge Stück	Einzelpreis €
1	100201	Schloss Primo	1.000	9,65
2	100301	Scharnier Classic	1.000	10,90
3	100303	Beschläge Admiral	1.000	5,85

Quittung

Bürodesign GmbH
Stolberger Str. 188
50933 Köln

€ 4.400,00

€ in Worten: viertausendvierhundert (Cent wie oben)

von: Lkw-Gebrauchtwagenhändler Körner

für: Kleinwagentransporter Fia

Belegnummer

Köln, 17.12.20.. — Betrag dankend in bar erhalten
Ort/Datum

Buchungsvermerke

Stempel/Unterschrift des Empfängers
Bürodesign Gmbh
T. Menne

SEPA-Girokonto IBAN: DE11370501980085313948 BIC: COLSDE33XXX **Kontoauszug** 254 **Blatt** 1
Sparkasse KölnBonn

Datum	Erläuterungen		Betrag
Kontostand in € am 22.12.20.., Auszug Nr. 253			232.620,00 +
24.12.20..	Überweisung KFZ-HANDEL JOOST e. K. AUFTRAGSNUMMER 455-112 RECHNUNGSDATUM 19.12.20..	Wert: 24.12.20..	40.000,00 –
Kontostand in € am 24.12.20..			192.620,00 +

Belegnummer

Ihr Dispositionskredit 200.000,00 €

Bürodesign GmbH
Stolberger Straße 188, 50933 Köln

Analyse des Einstiegsszenarios

Begeben Sie sich in eine Vierergruppe und sammeln Sie in Stichworten mögliche Aufgaben und Arbeitsschritte des Rechnungswesens, die im Zusammenhang mit den vorliegenden Belegen anfallen.

Planen und entscheiden

Planen Sie die einzelnen Arbeitsschritte zur ordnungsgemäßen Erfassung der abgebildeten Belege und stellen Sie diese in einem Ablaufschema dar.

Ablaufschema zur Bearbeitung von Belegen

1. Schritt

2. Schritt

3. Schritt

4. Schritt

5. Schritt

6. Schritt

Bewerten I

- Übertragen Sie Ihren Ablaufplan auf ein Plakat oder einer Folie und stellen Sie diesen in Ihrer Klasse vor.
- Klären Sie in einem Klassengespräch, welcher Ablaufplan für das Erfassen und Buchen der Belege am sinnvollsten erscheint.
- Ergänzen Sie Ihren bisherigen Ablaufplan in Ihrem Arbeitsheft und passen Sie ihn ggf. an.

Durchführen

Führen Sie Ihre Planungen aus und buchen Sie die vorliegenden Belege. Verwenden Sie dazu die folgenden Vorlagen. Benennen Sie Ihre jeweiligen Arbeitsschritte.

Bürodesign GmbH — **Quittung**

Stolberger Str. 188
50933 Köln

€ 180,00

€ in Worten: einhundertachtzig — Cent wie oben

von: Bernhard Grunwald

für: Regal – gebraucht

Belegnummer: ____

Köln, 20.12.20.. — Betrag dankend in bar erhalten

Ort/Datum

Buchungsvermerke

Stempel/Unterschrift des Empfängers
Bürodesign Gmbh
T. Menne

Belegnummer

Konto	Soll	Haben

SEPA-Girokonto IBAN: DE11370501980085313948 BIC: COLSDE33XXX **Kontoauszug 252** **Blatt 1**

Sparkasse KölnBonn

Datum	Erläuterungen		Betrag
Kontostand in € am 18.12.20.., Auszug Nr. 251			226.100,00 +
21.12.20..	Bareinzahlung KASSENEINNAHMEN BÜRODESIGN GMBH	Wert: 21.12.20..	5.000,00 +
Kontostand in € am 21.12.20.., 10:38 Uhr			231.100,00 +

Belegnummer: ____

Ihr Dispositionskredit 200.000,00 €

Bürodesign GmbH
Stolberger Straße 188, 50933 Köln

Belegnummer

Konto	Soll	Haben

Computec GmbH & Co. KG
Hard- und Softwarevertrieb

Computec GmbH & Co. KG, Volksparkstr. 12-20, 22525 Hamburg
Bürodesign GmbH
Stolberger Straße 188
50933 Köln

Tel.: 040 22446-69
Fax: 040 22446-64
info@computec.de
www.computec.de

Ihre Bestellung/Datum	Unser Zeichen	Kundennummer	Lieferdatum	Rechnungsdatum
15.12.20..	bu-ra	5839	23.12.2..	23.12.20..

Rechnung Nr. 715-05

Artikel-Nr.	Artikelbezeichnung	Menge in St.	Einzelpreis in €	Gesamtpreis in €
3404	Drucker Laser-Fly	10	210,00	2.100,00

Belegnummer: ____

Belegnummer

Konto	Soll	Haben

KFZ-Handel

KFZ-Handel, Andreas JOOST e. K., Wodanstr. 15, 51107 Köln
Bürodesign GmbH
Stolberger Straße 188
50933 Köln

Tel.: 0221 785746
Fax: 0221 785748
www.kfz-handel-joost.de
info@kfz-handel-joost.de
Betriebs-Nr.: 13246833
Auftrags-Nr.: 455-112
Kunden-Nr.: 455-112
Datum: 19.12.20..

RECHNUNG

Amtl. Kennz.	Typ/Modell	Fahrzeug-Ident-Nr.	Zulassungstag	Annahmetag	km-Stand
K-ME-700	MB-102	3912-1295-32	21.12.20..	–	212

1 Lkw 7,5 Tonnen, MB 102 40.000,00

Belegnummer

Belegnummer

Konto	Soll	Haben

SEPA-Girokonto IBAN: DE11370501980085313948 BIC: COLSDE33XXX **Kontoauszug** 251 **Blatt** 1
Sparkasse KölnBonn

Datum	Erläuterungen		Betrag
Kontostand in € am 16.12.20.., Auszug Nr. 250			232.100,00 +
18.12.20..	Tilgung Darlehensvertrag 6690-312	Wert: 18.12.20..	6.000,00 –
Kontostand in € am 18.12.20.., 10:10 Uhr			226.100,00 +

Belegnummer

Ihr Dispositionskredit 200.000,00 €

Bürodesign GmbH
Stolberger Straße 188, 50933 Köln

Belegnummer

Konto	Soll	Haben

SEPA-Girokonto IBAN: DE11370501980085313948 BIC: COLSDE33XXX **Kontoauszug** 253 **Blatt** 1
Sparkasse KölnBonn

Datum	Erläuterungen		Betrag
Kontostand in € am 21.12.20.., Auszug Nr. 252			231.100,00 +
22.12.20..	Zahlungseingang BÜROMÖBEL GMBH EUROPA RECHNUNGSNUMMER 498-21 RECHNUNGSDATUM 13.12.20..	Wert: 21.12.20..	1.520,00 +
Kontostand in € am 22.12.20.., 9:54 Uhr			232.620,00 +

Belegnummer

Ihr Dispositionskredit 200.000,00 €

Bürodesign GmbH
Stolberger Straße 188, 50933 Köln

Belegnummer

Konto	Soll	Haben

Bürodesign GmbH **Quittung**
Stolberger Str. 188
50933 Köln
€ 4.400 | 00
€ in Worten: viertausendvierhundert (Cent wie oben)
von: Lkw-Gebrauchtwagenhändler Körner
für: Kleinwagentransporter Fia
Belegnummer
Köln, 17.12.20.. Betrag dankend in bar erhalten
Ort/Datum
Buchungsvermerke
Stempel/Unterschrift des Empfängers
Bürodesign Gmbh
T. Menne

Belegnummer

Konto	Soll	Haben

SEPA-Girokonto IBAN: DE11370501980085313948 **Kontoauszug 254**
BIC: COLSDE33XXX **Blatt 1**
Sparkasse KölnBonn

Datum	Erläuterungen		Betrag
	Kontostand in € am 22.12.20.., Auszug Nr. 253		232.620,00 +
24.12.20..	Überweisung KFZ-HANDEL JOOST e. K. AUFTRAGSNUMMER 455-112 RECHNUNGSDATUM 19.12.20..	Wert: 24.12.20..	40.000,00 –
	Kontostand in € am 24.12.20..		192.620,00 +

Belegnummer

Ihr Dispositionskredit 200.000,00 €

Bürodesign GmbH
Stolberger Straße 188, 50933 Köln

Belegnummer

Konto	Soll	Haben

Ables, Wirtz & Co. KG

Tel.: 0212 72114
Fax: 0212 72119
E-Mail: info@abels-wirtz.de
Internet: www.abels-wirtz.de

Abels, Wirtz & Co. KG, Industriestr. 124, 42653 Solingen
Bürodesign GmbH
Stolberger Straße 188
50933 Köln

Lieferschein		
Bei Zahlung/Rücksendung/Gutschrift unbedingt angeben		
Kunden-Nr.	**Lieferschein-Nr.**	**Datum**
928454	489	20.12.20..

Belegnummer

Position	Artikel-Nr.	Artikelbezeichnung	Menge Stück	Einzelpreis €
1	100201	Schloss Primo	1.000	9,65
2	100301	Scharnier Classic	1.000	10,90
3	100303	Beschläge Admiral	1.000	5,85

Belegnummer

Konto	Soll	Haben

Bürodesign GmbH

Grundbuch **Seite 351**

Lfd. Nr.	Buchungs-datum	Beleg	Buchungssatz	Soll in €	Haben in €
3601					
3602					
3603					
3604					
3605					
3606					
3607					
3608					

S	Grundstücke mit Bauten		H
AB	765.000,00		

S	Eigenkapital		H
		AB	951.200,00

S	Fuhrpark		H
AB	200.000,00		

S	Darlehensschulden		H
		AB	690.000,00

S	Betriebs- und Geschäftsausstattung		H
AB	175.000,00		

S	Verbindlichkeiten a. LL.		H
		AB	380.000,00

S	Roh-, Hilfs-, Betriebsstoffe		H
AB	610.000,00		

S	Forderungen a. LL.		H
AB	27.000,00		

S	Bankguthaben		H
AB	232.100,00		

S	Kasse		H
AB	12.100,00		

Soll	Schlussbilanzkonto	Haben

Bewerten II

Vergleichen Sie Ihre Ergebnisse zunächst mit Ihrer Sitznachbarin bzw. Ihrem Sitznachbarn, bevor Sie die Ergebnisse in der Klasse besprechen.

Vertiefen und Lernergebnisse sichern

Denken Sie in Einzelarbeit über Ihren zurückliegenden Arbeitsprozess nach und verfassen Sie eine verständliche Arbeitsanweisung zum ordnungsgemäßen Buchen von Geschäftsfällen für eine neue Kollegin oder einen neuen Kollegen.

Ergänzend zu den von Ihnen verfassten Arbeitsanweisungen können Sie in Ihrer Klasse Erklärvideos erstellen. Dazu sollten Sie in Gruppen zu je vier Personen arbeiten.

Übung 6.1: Vom Kontenrahmen zum Kontenplan

Die Bürodesign GmbH benötigt zur Erfassung der Geschäftsfälle unter anderem folgende Bestandskonten:

Rohstoffe, Maschinen, unbebaute Grundstücke, Kasse, Eigenkapital, Verbindlichkeiten a.LL., Unfertige Erzeugnisse, Fuhrpark, Forderungen a.LL., Fertige Erzeugnisse, Betriebs- und Geschäftsausstattung, Hilfsstoffe, Werkzeuge, langfristige Bankverbindlichkeiten, Bank, Betriebsstoffe, bebautes Grundstück: Betriebsgebäude, Waren (Handelswaren)

Arbeiten Sie mit dem Kontenrahmen im Anhang Ihres Lehrbuchs und stellen Sie die Konten mit Kontennummern auszugsweise in einem Kontenplan zusammen.

Kontenplan		
Kontenklasse	**Kontennummer**	**Kontenbezeichnung**
0: Immaterielle Vermögensgegenstände und Sachanlagen	______ ______ ______ ______ ______ ______ ______ ______	______ ______ ______ ______ ______ ______ ______ ______
2: Umlaufvermögen und aktive Rechnungsabgrenzung	______ ______ ______ ______ ______ ______ ______ ______ ______ ______	______ ______ ______ ______ ______ ______ ______ ______ ______ ______
3: Eigenkapital und Rückstellungen	______ ______	______ ______
4: Verbindlichkeiten und Rechnungsabgrenzung (passiv)	______ ______ ______	______ ______ ______

Übung 6.2: Zusammengesetzte Buchungssätze

Bilden Sie die Buchungssätze zu den folgenden Geschäftsfällen.

	€
1. Kunde gleicht Rechnung aus	
durch Banküberweisung	740,00
durch Barzahlung	820,00
2. Kauf eines Pkw für den Betrieb	
gegen Banküberweisung	14.900,00
gegen bar	5.000,00

3. Tilgung eines Bankdarlehens
   durch Banküberweisung 6.000,00
   durch Barzahlung 500,00
4. Verkauf einer gebrauchten Maschine
   gegen Barzahlung 200,00
   gegen Banküberweisung 500,00
   auf Ziel 1.300,00
5. Ausgleich einer Liefererrechnung
   durch Banküberweisung 1.900,00
   durch Barzahlung 500,00
6. Kauf von Regalen für das Lager
   gegen Barzahlung 1.200,00
   gegen Banküberweisung 3.800,00

Grundbuch — Seite 1

Lfd. Nr.	Buchungs-datum	Buchungssatz	Soll in €	Haben in €

Übung 6.3: Erfolgswirksame Geschäftsfälle

Vervollständigen Sie die Tabelle nach folgendem Beispiel.

Geschäftsfall		Welche Konten werden von dem Geschäftsfall betroffen?	Zu welcher Kontenart gehören die Konten?	Buchungstext	Soll	Haben
Geschäftsfall 1	**€**	6900 Versicherungsbeiträge	Aufwandskonto	6900 Versicherungsbeiträge an 2800 Bank	3.100,00	
Banküberweisung der Bürodesign GmbH für Versicherungsbeiträge	3.100,00	2800 Bank	Bestandskonto			3.100,00
Geschäftsfall 2	**€**					
Tagesumsätze des Bürodesign GmbH Outletstores	31.580,00					
Geschäftsfall 3	**€**					
Banküberweisung für die Gehälter der Angestellten	21.000,00					
Geschäftsfall 4	**€**					
Die Bürodesign GmbH bezieht von der Vereinigte Spanplatten AG Tischlerplatten mit einem Zahlungsziel von 30 Tagen.	5.400,00					
Geschäftsfall 5	**€**					
Die Bürodesign GmbH erhält eine Zinsgutschrift ihrer Bank.	1.050,00					
Geschäftsfall 6	**€**					
Die Bürodesign GmbH überweist die Miete für ihr Außenlager.	2.200,00					

Übung 6.4: Eine Lernübersicht erstellen – Das System der Bestands- und Erfolgskonten

Zur eigenen Lernerfolgskontrolle vervollständigen Sie bitte, ohne zunächst in das Schulbuch zu schauen, die Lernübersicht an den gekennzeichneten Stellen. ....

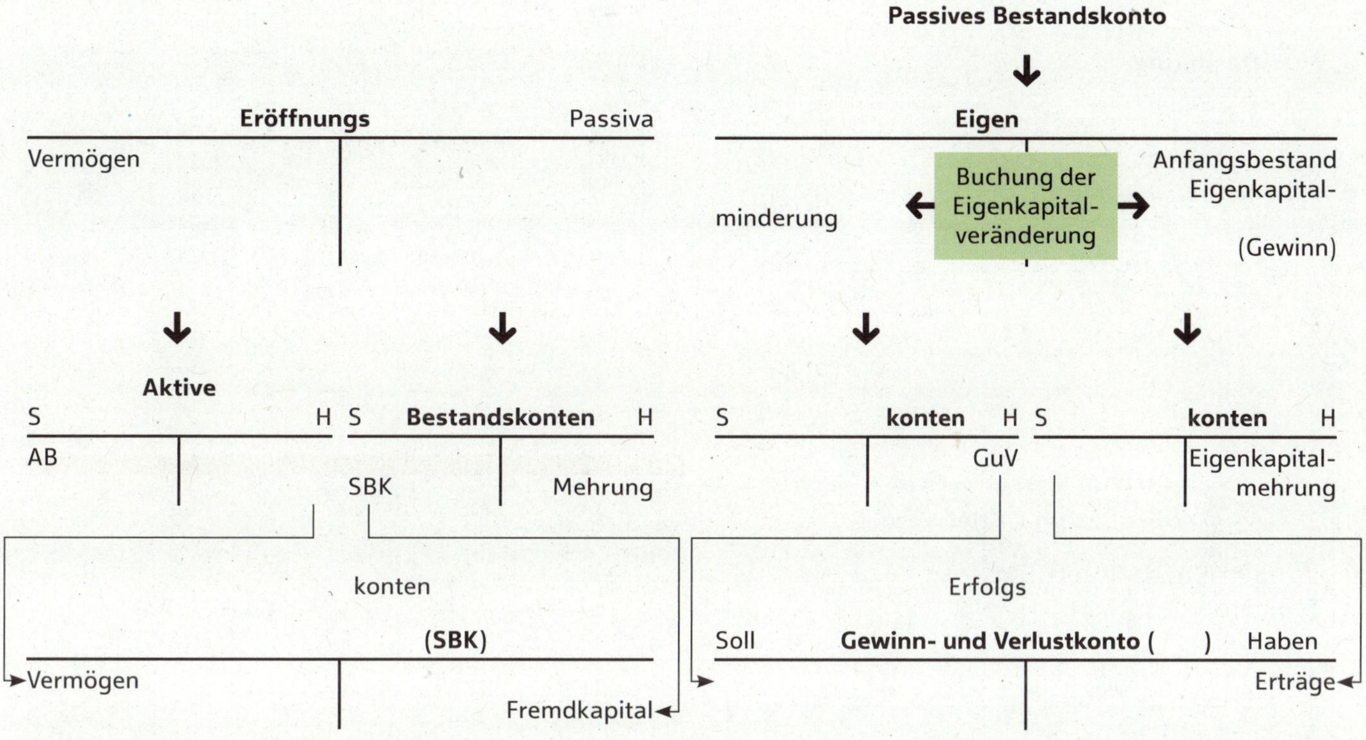

Übung 6.5: Erfolgswirksame Vorgänge erfassen und den Erfolg ermitteln

1. Sichten, prüfen und sortieren Sie die unten abgebildeten Belege nach Datum.
2. Versehen Sie die Belege mit der entsprechenden Belegnummer (Lfd. Nr. 100, KA 40, ER 20, AR 05, BA 30).
3. Kontieren Sie die Belege vor.
4. Erfassen Sie die Belege im Grund- und im Hauptbuch (Anfangsbestände sind vorgegeben).
5. Führen Sie den Abschluss zum 31.03.20.. durch.

Hinweis: Aus Vereinfachungsgründen wird an dieser Stelle auf die Berücksichtigung der USt. verzichtet.

BÜRODESIGN GM

Ein ökologisch orientiertes Unternehmen

Belegnummer

Bürodesign GmbH • Stolberger Straße 188 • 50933 Köln
Klassik 2000 GmbH
Hagenstraße 130
59075 Hamm

Telefon: 0221 688-3550
Telefax: 0221 668-357
E-Mail: kontakt@buerodesign-online.de
Internet: www.buerodesign-online.de

Rechnung

Kunden-Nr. L-5677
Rechnungs-Nr. 31465
Ihre Bestellung vom: 12.03.20.. Rechnungstag 18.03.20..
Lieferdatum: 18.03.20.. **Bei Zahlung bitte angeben**

Pos.	Artikel-Nr.	Artikelbezeichnung	Menge	Einzelpreis in €	Gesamtpreis in €
1	B094	Druckertisch Eura	20	150,50	3.010,00
2	B814	Bürodrehstuhl Ergo	30	214,50	6.435,00
3	B238	Drehsäule für Ordner	20	192,25	3.845,00
					13.290,00

Hanckel & Cie. GmbH

Tel.: 0211 345234
Fax: 0211 345100
E-Mail: info@hanckel.de
Internet: www.hanckel.de

Hanckel & Cie. GmbH, Augustastr. 8, 40477 Düsseldorf
Bürodesign GmbH
Stolberger Straße 188
50933 Köln

Ihre Bestellung	Unser Zeichen	Kundennummer	Rechnungsnummer	Rechnungsdatum
5. März 20..	ke-lb	7362	34521-133	16.03.20..

Rechnung Nr. 34521-133

Artikel-Nr.	Artikelbezeichnung	Menge in m	Einzelpreis €	Gesamtpreis €
1021	Bezugsstoff Royal – Rolle zu je 20 m	10	115,00	1.150,00
2341	Bezugsstoff Toskana – Rolle zu je 20 m	6	162,33	973,98
3115	Polsterfüllmaterial – Ballen	2	163,01	326,02
				2.450,00
	Betrag dankend in bar erhalten.			

Auszug Kassenbericht Bürodesign Outletstore

Bürodesign GmbH
Stolberger Str. 188
50933 Köln
Tel. 0221 6883550

Belegnummer

Kassenumsätze
16.03.20.. bis 21.03.20..

Finanzbericht: 21.03.20..

Barverkäufe	7.500,00 €
Anzahl Artikel	159
Anzahl Kunden	78

SEPA-Girokonto IBAN: DE11370501980085313948 **Kontoauszug 31**
BIC: COLSDE33XXX **Blatt 1**
Sparkasse KölnBonn

Datum	Erläuterungen		Betrag
Kontostand in € am 13.03.20.., Auszug Nr. 30			30.000,00 +
14.03.20..	Überweisungen	Wert: 14.03.20..	
	GEHALT WILKE		3.300,00 –
	GEHALT DUMANN		3.200,00 –
	GEHALT MELICIK		2.200,00 –
Kontostand in € am 14.03.20.., 9:04 Uhr			21.300,00 +

Belegnummer

Ihr Dispositionskredit 200.000,00 €

Bürodesign GmbH
Stolberger Straße 188, 50933 Köln

SEPA-Girokonto IBAN: DE11370501980085313948 **Kontoauszug 32**
BIC: COLSDE33XXX **Blatt 1**
Sparkasse KölnBonn

Datum	Erläuterungen		Betrag
Kontostand in € am 14.03.20.., Auszug Nr. 31			21.300,00 +
22.03.20..	Bareinzahlung KASSENEINNAHMEN BÜRODESIGN OUTLETSTORE	Wert: 22.03.20..	7.000,00 +
Kontostand in € am 22.03.20.., 9:34 Uhr			28.300,00 +

Belegnummer

Ihr Dispositionskredit 200.000,00 €

Bürodesign GmbH
Stolberger Straße 188, 50933 Köln

Deutsche Post AG
Welkenraedter Str. 1
50935 Köln 19. März 20..

84,00 €

Postwertzeichen ohne Zuschlag

Belegnummer

Vielen Dank für Ihren Besuch!
Ihre Deutsche Post AG

REW
Rheinische Elektrizitätswerke AG

Jahresrechnung
Kundennummer 24 6946844
bei Zahlung und Rückfragen bitte angeben

Rheinische Elektrizitätswerke AG · Postfach 1706 · 53113 Bonn
Bürodesign GmbH
Stolberger Straße 188
50933 Köln

Belegnummer

Bonn, den 17. März 20..

Stromlieferung nach Tarif A2

		Zeitraum	Preis	Betrag in €
Zähler Nr. 92164352				
Zählerstand	0394780			
Zählerstand	0444000	364		
Unterschied	49220	Tage	30,00 Ct/kWh	14.766,00
Zähler:			94,50 €/Jahr	94,50
			Entgelt	14.860,50
Bereits gezahlt				12.000,00
			Rechnungsbetrag	**2.860,50**
Rechnung zahlbar innerhalb von 14 Tagen nach Rechnungseingang				

Vereinigte Spanplatten AG

Spanplatten · Umleimer

Vereinigte Spanplatten AG, Ulmer Str. 12, 86154 Augsburg
Bürodesign GmbH
Stolberger Straße 188
50933 Köln

Tel.: 08 21 3 47 85
Fax: 08 21 3 46 79
E-Mail:
info@vereinigte-spanplatten.de
Internet:
www.vereinigte-spanplatten.de

Belegnummer

RECHNUNG

Ihre Bestellung	vom	Kunden-Nr.	Rechnungs-Nr.	Rechnungsdatum
	12.03.20..	53427	34900	15.03.20..

Pos.	Artikel Nr.	Artikelbezeichnung	Menge	Einzelpreis €	Gesamtpreis €
1	1811	Tischlerplatten, 1.900 × 1.750 × 20	15	71,67	1.075,05

SEPA-Girokonto IBAN: DE11370501980085313948 BIC: COLSDE33XXX **Kontoauszug** 33 **Blatt** 1

Sparkasse KölnBonn

Datum	Erläuterungen		Betrag
Kontostand in € am 22.03.20.., Auszug Nr. 32			28.300,00 +
24.03.20..	Überweisung VEREINIGTE SPANPLATTEN AG RECHNUNGSNUMMER 34900 RECHNUNGSDATUM 15.03.20..	Wert: 24.03.20..	1.075,05 –
24.03.20..	Lastschrift BUCHUNGSSTELLE TELEKOM	Wert: 24.03.20..	330,00 –
Kontostand in € am 24.03.20.., 9:04 Uhr			26.894,95 +

Belegnummer

Ihr Dispositionskredit 200.000,00 €

Bürodesign GmbH
Stolberger Straße 188, 50933 Köln

Bürodesign GmbH **Quittung**
Stolberger Str. 188
50933 Köln

€ 200,00

€ in Worten: zweihundert (Cent wie oben)

von: Kiosk Trampmann e. K.

Belegnummer

für: Registrierkasse gebraucht Verkaufsboutique

Köln, 25.03.20.. Betrag dankend in bar erhalten
Ort/Datum

Buchungsvermerke

Stempel/Unterschrift des Empfängers
Bürodesign GmbH
i. V. *Stein*

Übertragung der Belegnummer und Vorkontierung der Belege:

BÜRODESIGN GMBH
Ein ökologisch orientiertes Unternehmen mit Zukunft

Bürodesign GmbH • Stolberger Straße 188 • 50933 Köln
Klassik 2000 GmbH
Hagenstraße 130
59075 Hamm

Telefon: 0221 688-3550
Telefax: 0221 668-357
E-Mail: kontakt@buerodesign-online.de
Internet: www.buerodesign-online.de

Rechnung

Kunden-Nr. L-5677
Rechnungs-Nr. 31465
Ihre Bestellung vom: 12.03.20.. Rechnungstag 18.03.20..
Lieferdatum: 18.03.20.. **Bei Zahlung bitte angeben**

Pos.	Artikel-Nr.	Artikelbezeichnung	Menge	Einzelpreis in €	Gesamtpreis in €
1	B094	Druckertisch Eura	20	150,50	3.010,00
2	B814	Bürodrehstuhl Ergo	30	214,50	6.435,00
3	B238	Drehsäule für Ordner	20	192,25	3.845,00
					13.290,00

Belegnummer

Konto	Soll	Haben

Hanckel & Cie. GmbH

Tel.: 0211 345234
Fax: 0211 345100
E-Mail: info@hanckel.de
Internet: www.hanckel.de

Hanckel & Cie. GmbH, Augustastr. 8, 40477 Düsseldorf
Bürodesign GmbH
Stolberger Straße 188
50933 Köln

Ihre Bestellung	Unser Zeichen	Kunden-nummer	Rechnungs-nummer	Rechnungs-datum
5. März 20..	ke-lb	7362	34521-133	16.03.20..

Rechnung Nr. 34521-133

Artikel-Nr.	Artikelbezeichnung	Menge in m	Einzelpreis €	Gesamtpreis €
1021	Bezugsstoff Royal – Rolle zu je 20 m	10	115,00	1.150,00
2341	Bezugsstoff Toskana – Rolle zu je 20 m	6	162,33	973,98
3115	Polsterfüllmaterial – Ballen	2	163,01	326,02
				2.450,00
	Betrag dankend in bar erhalten.			

Belegnummer

Konto	Soll	Haben

Auszug Kassenbericht
Bürodesign Outletstore

Bürodesign GmbH Stolberger Str. 188 50933 Köln Tel. 0221 6883550	
Kassenumsätze 16.03.20.. bis 21.03.20..	
Finanzbericht: 21.03.20..	
Barverkäufe	7.500,00 €
Anzahl Artikel	159
Anzahl Kunden	78

Belegnummer

Konto	Soll	Haben

SEPA-Girokonto IBAN: DE11370501980085313948 **Kontoauszug** 31
BIC: COLSDE33XXX **Blatt** 1
Sparkasse KölnBonn

Datum	Erläuterungen		Betrag
Kontostand in € am 13.03.20.., Auszug Nr. 30			30.000,00 +
14.03.20..	Überweisungen	Wert: 14.03.20..	
	GEHALT WILKE		3.300,00 –
	GEHALT DUMANN		3.200,00 –
	GEHALT MELICIK		2.200,00 –
Kontostand in € am 14.03.20.., 9:04 Uhr			21.300,00 +

Ihr Dispositionskredit 200.000,00 €

Bürodesign GmbH
Stolberger Straße 188, 50933 Köln

Belegnummer

Konto	Soll	Haben

SEPA-Girokonto IBAN: DE11370501980085313948 **Kontoauszug** 32
BIC: COLSDE33XXX **Blatt** 1
Sparkasse KölnBonn

Datum	Erläuterungen		Betrag
Kontostand in € am 14.03.20.., Auszug Nr. 31			21.300,00 +
22.03.20..	Bareinzahlung	Wert: 22.03.20..	7.000,00 +
	KASSENEINNAHMEN		
	BÜRODESIGN OUTLETSTORE		
Kontostand in € am 22.03.20.., 9:34 Uhr			28.300,00 +

Ihr Dispositionskredit 200.000,00 €

Bürodesign GmbH
Stolberger Straße 188, 50933 Köln

Belegnummer

Konto	Soll	Haben

Deutsche Post AG
Welkenraedter Str. 1
50935 Köln 19. März 20..

84,00 €

Postwertzeichen ohne Zuschlag

Vielen Dank für Ihren Besuch!
Ihre Deutsche Post AG

Belegnummer

Konto	Soll	Haben

REW
Rheinische Elektrizitätswerke AG

Jahresrechnung
Kundennummer 24 6946844
bei Zahlung und Rückfragen bitte angeben

Rheinische Elektrizitätswerke AG · Postfach 1706 · 53113 Bonn
Bürodesign GmbH
Stolberger Straße 188
50933 Köln

Bonn, den 17. März 20..

Stromlieferung nach Tarif A2

		Zeitraum	Preis	Betrag/€
Zähler Nr. 92164352				
Zählerstand	0394780			
Zählerstand	0444000	364		
Unterschied	49220	Tage	30,00 Ct/kWh	14.766,00
Zähler:			94,50 €/Jahr	94,50
			Entgelt	14.860,50
Bereits gezahlt				12.000,00
			Rechnungsbetrag	**2.860,50**
Rechnung zahlbar innerhalb von 14 Tagen nach Rechnungseingang				

Belegnummer

Konto	Soll	Haben

Vereinigte Spanplatten AG

Spanplatten · Umleimer

Tel.: 08 21 34 78 5
Fax: 08 21 34 67 9
E-Mail:
info@vereinigte-spanplatten.de
Internet:
www.vereinigte-spanplatten.de

Vereinigte Spanplatten AG, Ulmer Str. 12, 86154 Augsburg
Bürodesign GmbH
Stolberger Straße 188
50933 Köln

RECHNUNG

Ihre Bestellung	vom	Kunden-Nr.	Rechnungs-Nr.	Rechnungsdatum
	12.03.20..	53427	34900	15.03.20..

Pos.	Artikel-Nr.	Artikelbezeichnung	Menge	Einzelpreis €	Gesamtpreis €
1	1811	Tischlerplatten, 1.900 × 1.750 × 20	15	71,67	1.075,05

Belegnummer

Konto	Soll	Haben

SEPA-Girokonto IBAN: DE11370501980085313948 **Kontoauszug** 33
BIC: COLSDE33XXX **Blatt** 1

Sparkasse KölnBonn

Datum	Erläuterungen		Betrag
Kontostand in € am 22.03.20.., Auszug Nr. 32			28.300,00 +
24.03.20..	Überweisung VEREINIGTE SPANPLATTEN AG RECHNUNGSNUMMER 34900 RECHNUNGSDATUM 15.3.20..	Wert: 24.03.20..	1.075,05 –
24.03.20..	Lastschrift BUCHUNGSSTELLE TELEKOM	Wert: 24.03.20..	330,00 –
Kontostand in € am 24.03.20.., 9:04 Uhr			26.894,95 +

Ihr Dispositionskredit 200.000,00 €

Bürodesign GmbH
Stolberger Straße 188, 50933 Köln

Belegnummer

Konto	Soll	Haben

Bürodesign GmbH **Quittung**

Stolberger Str. 188
50933 Köln

€ 200,00

€ in Worten: zweihundert (Cent wie oben)

von: Kiosk Trampmann e. K.

für: Registrierkasse gebraucht Verkaufsboutique

Köln, 25.03.20.. Betrag dankend in bar erhalten

Ort/Datum

Buchungsvermerke

Stempel/Unterschrift des Empfängers
Bürodesign GmbH
i. V. *Stein*

Belegnummer

Konto	Soll	Haben

Bürodesign GmbH

Grundbuch					Seite 120
Lfd. Nr.	**Buchungsdatum**	**Beleg**	**Buchungssatz**	**Soll in €**	**Haben in €**
101					
102					
103					
104					
105					

Bürodesign GmbH					
Grundbuch					Seite 120
Lfd. Nr.	Buchungs-datum	Beleg	Buchungssatz	Soll in €	Haben in €
106					
107					
108					
109					
110					
Abschluss der Erfolgskonten					
111					
112					
113					
114					
115					
Abschluss des Gewinn- und Verlustkontos					
116					

Bürodesign GmbH					
Grundbuch				**Seite 120**	
Lfd. Nr.	**Buchungsdatum**	**Beleg**	**Buchungssatz**	**Soll in €**	**Haben in €**
Abschluss Bestandskonten					
117					
118					
119					
120					
121					
122					

Bestandskonten

S	0800 Betriebs- und Geschäftsausstattung		H
AB	80.000,00		

S	2880 Kasse		H
AB	3.000,00		

S	2400 Forderungen a. LL.		H
AB	10.000,00		

S	4400 Verbindlichkeiten a. LL.		H
		AB	40.000,00

S	2800 Bank		H
AB	30.000,00		

S	3000 Eigenkapital		H
		AB	83.000,00

Erfolgskonten

S	6200 Löhne	H

S	6820 Postentgelte/Telefon	H

S	6000 Aufwendungen für Rohstoffe	H

S	5000 Umsatzerlöse f. eig. Erzeugnisse	H

S	6050 Aufwendungen für Energie	H

Soll	8020 Gewinn- und Verlustkonto	Haben

Soll	8010 Schlussbilanzkonto	Haben

Lern- und Unterrichtscheck

Reflektieren Sie Ihr Lernen und Arbeiten sowie den zurückliegenden Unterricht und tauschen Sie sich anschließend darüber in Ihrer Klasse aus.

Eigener Lernerfolg	Trifft zu	Trifft überwiegend zu	Trifft weniger zu	Trifft nicht zu
1. Ich kenne die Arbeitsschritte bei der Erfassung von Belegen.	☐	☐	☐	☐
2. Ich weiß jetzt, wie man Buchungssätze bildet, muss aber noch an Feinheiten arbeiten, um keine Fehler zu machen.	☐	☐	☐	☐
3. Die Unterscheidung zwischen Bestandskonten und Erfolgskonten ist mir klar.	☐	☐	☐	☐
4. Das Buchen in den Konten des Hauptbuchs ist schwierig. Ich bekomme es nicht richtig in den Griff.	☐	☐	☐	☐

Lern- und Arbeitsprozess	Trifft zu	Trifft über-wiegend zu	Trifft weniger zu	Trifft nicht zu
1. Bei schwierigen Aufgaben gebe ich schnell auf.	☐	☐	☐	☐
2. Wenn ich meine Ergebnisse mit denen meiner Mitschülerinnen und Mitschüler vergleiche, finden wir selbstständig unsere Fehler.	☐	☐	☐	☐
3. Ich übe auch außerhalb des Unterrichtes.	☐	☐	☐	☐
4. Wenn ich merke, dass ich etwas nicht verstanden habe, dann versuche ich, dies mithilfe des Schulbuchs selbstständig nachzuarbeiten.	☐	☐	☐	☐

Das nehme ich mir bezüglich meines Arbeits- und Lernverhaltens vor:

____

____

____

Unterricht	Trifft zu	Trifft nicht zu
1. In der Klasse hatten wir bei der Bearbeitung der Beleggeschäftsgänge ein Lern- und Arbeitsklima, in dem ich konzentriert arbeiten konnte.	☐	☐

2. Was ist Ihrer Meinung nach das Wichtigste, was man im Bereich der Bestandskonten und Erfolgskonten verstehen und können muss?

____

____

Übung 6.6: Materialbestandsveränderungen berechnen und buchen

Die Bürodesign GmbH erfasst die Werkstoffeinkäufe in ihrer Buchhaltung verbrauchs- bzw. fertigungssynchron. Folgende Konten sind zu beachten:

		Soll	Haben
2000	Rohstoffe	300.000,00	
2020	Hilfsstoffe	40.000,00	
4400	Verbindlichkeiten a. LL.	260.000,00	320.000,00
6000	Aufwendungen für Rohstoffe		
6020	Aufwendungen für Hilfsstoffe		
8010	Schlussbilanzkonto		
8020	Gewinn- und Verlustkonto		

1. Eingangsrechnung (ER) für	Rohstoffe	90.000,00
	Hilfsstoffe	25.000,00
2. Schlussbestände lt. Inventur	Rohstoffe	100.000,00
	Hilfsstoffe	45.000,00

1. Berechnen Sie, wie hoch der jeweilige Verbrauch an Roh- und Hilfsstoffen war, und kreuzen Sie an, ob es sich jeweils um eine Materialbestandsmehrung oder Materialbestandsminderung handelt.

Rohstoffe:	**Hilfsstoffe:**
☐ Materialbestandsmehrung	☐ Materialbestandsmehrung
☐ Materialbestandsminderung	☐ Materialbestandsminderung

2. Erläutern Sie die Auswirkungen der Bestandsveränderung bei den Roh- und Hilfsstoffen für das GuV-Konto.

Rohstoffe	Hilfsstoffe

3. Buchen Sie die Geschäftsfälle in den ausgewählten Konten und schließen Sie diese über das Gewinn- und Verlustkonto sowie das Schlussbilanzkonto ab.

S	2000 Rohstoffe	H

S	2020 Hilfsstoffe	H

S	4400 Verbindlichkeiten a. LL.	H

S	6000 Aufw. für Rohstoffe	H

S	6020 Aufw. für Hilfsstoffe	H

Soll	8020 Gewinn- und Verlustkonto	Haben

Soll	8010 Schlussbilanzkonto	Haben

Lernsituation 7: Sie erfassen den Weg vom Unternehmensleitbild zu den Unternehmenszielen

Silvia Land und Jutta Meier sind aktuell der Abteilung Verwaltung zugeordnet. Am heutigen Morgen findet die allwöchentliche Abteilungsleiterrunde statt. Silvia und Jutta sind bereits aufgeregt, dass sie dabei sein dürfen. Der Geschäftsführer der Bürodesign GmbH, Herr Stein, berichtet von den aktuellen Vorhaben. *„Ziel ist es für uns, das Öko-Controlling in der Bürodesign GmbH zu implementieren. Wir möchten den Einsatz von Energien, die Herstellungsverfahren, die Produkte und die Produktion kontinuierlich umweltverträglicher gestalten“*, sagt Herr Stein. *„Und Silvia“*, fordert Herr Stein sie auf, *„kommt Ihnen das bekannt vor? Sie haben doch bestimmt im Rahmen Ihrer Ausbildung unsere Unternehmensphilosophie gelesen. Oder etwa nicht?“ „Ja sicher“*, antwortet Silvia schnell. *„Sehr schön, Silvia. Im Rahmen des Öko-Controllings möchten wir die Beleuchtung im Unternehmen erneuern oder die Wärmeisolierung am letzten Gebäudeabschnitt durchführen“*, berichtet Herr Stein. Daraufhin fällt ihm die Abteilungsleiterin Verwaltung, Frau Jäger, ins Wort. *„Wir müssen aber Kosten sparen! Das sind bestimmt hohe Investitionskosten! Unser Ziel sollte es lieber sein Kosten zu sparen! Immer dieser Umweltschutz! Das kann ich gar nicht nachvollziehen! Also, ich bin dagegen!“ „Ups“*, flüstert Jutta Silvia zu, *„und jetzt?“* Herr Stein reagiert sofort auf Frau Jägers Bedenken, indem er sagt: *„Frau Jäger, ich werde ihnen bis zur nächsten Abteilungsleiterrunde weitere Informationen zu meinen Zielen zukommen lassen, vielleicht sehen Sie dann auch die Vorteile von unseren Vorhaben. Wir sehen dann nächste Woche weiter.“*

Analyse des Einstiegsszenarios

Der Geschäftsführer der Bürodesign GmbH, Herr Stein, und die Abteilungsleiterin Verwaltung, Frau Jäger, haben unterschiedliche Ansichten bezüglich der im Unternehmen zu verfolgenden Ziele. Erläutern Sie die unterschiedlichen Ansichten.

Planen, entscheiden und durchführen

Da in der Verwaltung einige Mitarbeiter krankheitsbedingt ausgefallen sind und Frau Jäger zu einem Außentermin zum Steuerberater fahren muss, legt Frau Jäger Silvia und Jutta die nachfolgende Hausmitteilung vor. Sie bittet beide, sich mit den Projekten kritisch auseinanderzusetzen und ihr einen begründeten Vorschlag zu unterbreiten, ob eines der beiden Projekte durchgeführt werden soll.

Nutzen Sie als Hilfestellung die aufgeführten Tabellen.

BÜRODESIGN GMBH
Ein ökologisch orientiertes Unternehmen mit Zukunft

Hausmitteilung

Sehr geehrte Damen und Herren,

morgen steht die nächste Abteilungsleiterrunde an, bei der wir uns entscheiden müssen, ob eines der beiden Öko-Controlling-Projekte durchgeführt werden soll. Uns stehen 40.000,00 € für die Durchführung zur Verfügung. Ich habe Ihnen weitere Informationen zu beiden Projekten aufgeführt:

Projekt 1 „Erneuerung der Beleuchtung"
Im Rahmen dieses Projekts würden in allen Büroräumen und in der Fertigung Neonröhren durch LED-Röhren ausgetauscht. Die Umsetzung dieses Projektes würde ca. 40.000,00 € betragen. Der Stromverbrauch der alten Neonröhren beläuft sich im Jahr auf 200.000 kW/h. Die neuen LED-Röhren hätten einen Verbrauch von 75.000 kW/h, bei gleichen Betriebsstunden. Eine kW/h kostet 0,20 €.

Projekt 2 „Wärmeisolierung"
Im Rahmen dieses Projekts würde die Wärmeisolierung am letzten Gebäudeabschnitt durchgeführt, dies spart Heizkosten. Auch diese Investition würde sich auf ca. 40.000,00 € belaufen. Ohne die Durchführung der Wärmeisolierung verbraucht die Heizung 50.000 l Heizöl pro Jahr, mit Wärmeisolierung würde dies nur 40.000 l Heizöl pro Jahr betragen. Ein Liter Heizöl kostet 0,90 €.

Bitte beachten Sie bei Ihrer Entscheidung folgende Kriterien:
- Wie hoch ist die Kosteneinsparung, wenn das jeweilige Projekt durchgeführt wird?
- Wann hat sich die Investition des jeweiligen Projekts amortisiert?
- Wie hoch ist die CO_2-Einsparung/die Senkung der Umweltbelastung bei Durchführung des jeweiligen Projekts?
  (Hinweis: 1 kW/h Strom = 0,59 kg CO_2 , 1 l Heizöl = 3,2 kg CO_2)
- Welche Ziele werden verfolgt?

Bitte machen Sie sich bis zur morgigen Abteilungsleiterrunde Gedanken bezüglich der beiden Projekte, sodass wir in der Abteilungsleiterrunde eine Entscheidung treffen können.

Mit freundlichem Gruß

Stein

Nebenrechnung für das Projekt 1 „Erneuerung der Beleuchtung"
Amortisation = Investitionskosten/Kosteneinsparung

Kosteneinsparung:

Amortisation:

CO_2-Einsparung/
Senkung der Umweltbelastung:

Ziele des Projekts 1 „Erneuerung der Beleuchtung"		
Wirtschaftliche Ziele	**Ökologische Ziele**	**Soziale Ziele**

Nebenrechnung für das Projekt 2 „Wärmeisolierung"
Kosteneinsparung:

Amortisation:

CO_2-Einsparung/
Senkung der Umweltbelastung:

Ziele des Projekts 2 „Wärmeisolierung"		
Wirtschaftliche Ziele	**Ökologische Ziele**	**Soziale Ziele**

Ihr begründeter Vorschlag an Frau Jäger:

Bewerten und reflektieren

Überprüfen Sie die unten aufgeführten Aussagen hinsichtlich der Richtigkeit und begründen Sie Ihre Stellungnahme.

> Verfolgt ein Unternehmen gleichzeitig ein wirtschaftliches und ein ökologisches Ziel, so führt dies immer zu einem Zielkonflikt!

Ihre Stellungnahme zu dieser Aussage:

> Ökologische Ziele nehmen in Unternehmen einen immer höher werdenden Stellenwert ein!

Ihre Stellungnahme zu dieser Aussage:

Vertiefen und Lernergebnisse sichern

Die Bürodesign GmbH möchte ein professionelles Öko-Controlling einführen und nach EMAS zertifiziert werden. Informieren Sie sich über EMAS, indem Sie entweder das ausgeteilte Material oder das Erklärvideo „EMAS: Geschäftsmöglichkeiten und Umweltschutz miteinander verbinden" auf YouTube nutzen. Alternativ recherchieren Sie unter www.emas.de. Beantworten Sie dann die Fragen von Frau Jäger.

1. *„Was ist eigentlich EMAS?"*

____

____

____

2. *„Können Sie mir drei Ziele von EMAS nennen, damit ich weiß, wofür das Ganze gut ist?"*

____

____

____

____

____

____

____

____

____

Übung 7.1: Der ökologische Fußabdruck

Silvia Land und Jutta Meier sind von den ökologischen Projekten, an denen sie in der Bürodesign GmbH mitgewirkt haben, sehr angetan. Silvia und Jutta möchten nun auch privat die Umwelt schützen und zeitgleich eventuell auch Kosten sparen. Das ist doch clever! Silvia beschließt, zunächst ihren „ökologischen Fußabdruck" im Internet schätzen zu lassen. Dabei stellt sie mit Erschrecken fest, dass sie mit ihrer Lebensweise weit sowohl über dem bundesweiten als auch dem weltweiten Durchschnitt liegt. Jutta ist neugierig und möchte ebenfalls ihren „ökologischen Fußabdruck" ermitteln. Sie ist gespannt, welches Ergebnis sie erzielen wird. Sie ist der Meinung, dass sie sehr umweltbewusst lebt.

1. Ermitteln Sie im Internet Ihren eigenen „ökologischen Fußabdruck", beispielsweise unter www.fussabdruck.de, und tragen Sie Ihr Ergebnis auf den folgenden Schreiblinien ein. Geben Sie zum besseren Vergleich auch einen Vergleichswert, z. B. den Durchschnittswert eines Landes oder der gesamten Welt, an und erläutern Sie anhand dessen Ihr Ergebnis.

____

____

____

____

____

____

2. Silvia und Jutta sind mit den Ergebnissen ihres „ökologischen Fußabdruckes“ nicht zufrieden. Helfen Sie den beiden bei der Ideenfindung, wie sie ihren „ökologischen Fußabdruck“ in den Bereichen Wohnen, Mobilität, Ernährung, Konsum etc. verbessern können, und halten Sie Ihre gefundenen Verbesserungsvorschläge in einer Mindmap fest. Zur Erstellung der Mindmap verwenden Sie bitte ein Mindmap-Freeware-Programm aus dem Internet, beispielsweise www.mind-map-online.de. Drucken Sie die erstellte Mindmap aus und kleben Sie sie in Ihr Arbeitsheft ein.

3. Welche Maßnahmen ergreifen Sie zur Verbesserung Ihres „ökologischen Fußabdruckes“? Notieren Sie sich drei Ziele, welche Sie in Zukunft umsetzen werden, um Ihren „ökologischen Fußabdruck“ zu verbessern, und ermitteln Sie Ihren neuen „ökologischen Fußabdruck“.

Mein neuer „ökologischer Fußabdruck“:

Übung 7.2: Interessengruppen und ihre Ziele

Die Bürodesign GmbH und alle anderen Unternehmen sind von Interessengruppen umgeben, welche verschiedene Ziele verfolgen. Überlegen Sie sich **jeweils drei Ziele**, welche die unten aufgeführten Interessengruppen bezogen auf die Bürodesign GmbH verfolgen könnten. Halten Sie Ihre Ergebnisse in der unten aufgeführten Tabelle fest.

Interessengruppen	Ziele der Interessengruppe
Mitarbeiter der Bürodesign GmbH	
Frau Friedrich, Gesellschafterin/Eigenkapitalgeberin der Bürodesign GmbH	

Interessengruppen	Ziele der Interessengruppe
Sparkasse Köln-Bonn, Fremdkapitalgeber der Bürodesign GmbH	
Klassik 2000 GmbH, Kunde der Bürodesign GmbH	
Hanckel & Cie. GmbH, Lieferant der Bürodesign GmbH	

Übung 7.3: Führungsstile und Führungstechniken

1. Die Wahl des Führungsstils hängt von der grundsätzlichen Haltung der Unternehmensleitung zu den Mitarbeitern ab. Das Führungsverhalten der Führenden zur Durchsetzung der Ziele der Unternehmung und zur Motivation der Mitarbeiter kann in zwei Grundmuster eingeteilt werden: der autoritäre und der kooperative Führungsstil. Vergleichen Sie die beiden Führungsstile, indem Sie die folgenden Fragen beantworten und Ihre Lösung in die Tabelle eintragen.

Merkmale	Autoritärer Führungsstil	Kooperativer Führungsstil
Wie werden die Entscheidungen getroffen?		
Welche Anforderungen werden an den Vorgesetzten gestellt?		
Welche fachlichen Anforderungen werden an den Mitarbeiter gestellt?		

Merkmale	Autoritärer Führungsstil	Kooperativer Führungsstil
Wie viel Zeit wird zur Entscheidungsfindung benötigt?		
Wie wirkt sich der Führungsstil auf den Arbeitseinsatz der Mitarbeiter aus?		
Welche Vorteile hat der Führungsstil?		
Welche Nachteile hat der Führungsstil?		

2. Verbinden Sie die folgenden Beschreibungen mit der jeweiligen Führungstechnik.

Beschreibung	Führungstechnik
Kompetenzen und Verantwortlichkeiten werden auf die Mitarbeiter übertragen. Entscheidungen werden innerhalb eines gesteckten Rahmens durch die Mitarbeiter getroffen.	Management by Exception
Grundsätzlich trifft der Mitarbeiter die Entscheidungen, die im Rahmen seines Aufgabengebietes anfallen, allein. In festgelegten Ausnahmefällen ist er jedoch auf Genehmigungen des Vorgesetzten angewiesen.	Management by Objectives
Mitarbeiter und Führungskräfte legen gemeinsam Ziele fest, welche der Mitarbeiter durch eigenes Entscheiden und Handeln in seinem Arbeitsbereich erreichen soll.	Management by Delegation

Übung 7.4: Handlungsvollmacht und Prokura

Herr Stein und Frau Friedrich planen, die Geschäftsbeziehungen mit asiatischen Lieferanten zu intensivieren. Im Rahmen einer mehrwöchigen Delegationsreise sollen notwendige Kontakte zu potenziellen Geschäftspartnern hergestellt werden. Für die Bürodesign GmbH bedeutet dies, dass beide Geschäftsführer über mehrere Wochen nicht im Unternehmen anwesend sein werden.

Herr Stein: *„Ich finde es wirklich sehr wichtig, dass wir die Geschäftsreise gemeinsam machen. Nur wer übernimmt hier das Ruder? Sie wissen, dass die Auftragslage im Moment sehr gut ist und täglich wichtige Entscheidungen getroffen werden müssen. Ich möchte nicht, dass wir in China dauernd am Telefon sitzen und von dort aus das Unternehmen leiten müssen."*

Frau Friedrich: *„Da haben Sie recht. Es ist sowieso schon lange notwendig, dass wir jemanden auswählen, der uns vertreten kann. Und diese Person muss in allen Situationen genauso wie wir entscheiden dürfen."*

Herr Stein: *„Am konsequentesten wäre es, wenn einer unserer Abteilungsleiter Prokura erhielte. Aber die Auswahl eines zukünftigen Prokuristen oder einer Prokuristin muss wohlüberlegt sein und braucht viel Vertrauen."*

Frau Friedrich: *„Würde es nicht reichen, wenn wir jemanden mit einer Handlungsvollmacht ausstatten?"*

1. Verschaffen Sie sich mithilfe Ihres Lehrbuches einen Überblick über die Bedeutung der Begriffe Prokura und Handlungsvollmacht und tragen Sie die für Sie relevanten Informationen zusammen, sodass Sie auf dieser Basis eine begründete Entscheidung treffen können, wer eine Vollmacht und welche erhalten soll. Notieren Sie sich zunächst die für Sie wichtigen Aspekte.

Handlungsvollmacht

- **Umfang**:

- **Erteilung**:

- **Arten**:

- **Unterschrift**:

- **Nicht zulässige Geschäfte:**

Prokura

- **Umfang:**

- **Erteilung:**

- **Arten:**

- **Unterschrift:**

- **Nicht zulässige Geschäfte:**

- **Sonstiges:**

2. Die Geschäftsleitung der Bürodesign GmbH hat bereits eine Vorauswahl getroffen. Die unten aufgeführten Mitarbeiterinnen und Mitarbeiter werden als mögliche Kandidaten für die Erteilung der Vollmacht (Handlungsvollmacht oder Prokura) angesehen. Entscheiden Sie, welchem Mitarbeiter welche Vollmacht übertragen werden soll, und tragen Sie diese mit einer kurzen Begründung in die unten aufgeführte Tabelle ein. Außerdem befinden sich dort Notizen, welche sich die Geschäftsleitung zu den jeweiligen Mitarbeitern gemacht hat.

Notizen zu den Mitarbeitern	Wem würden Sie die Vollmacht übertragen? Begründen Sie kurz.
Petra Jäger, 39 Jahre • Abteilungsleiterin Verwaltung • Seit 10 Jahren im Unternehmen beschäftigt • Seit 5 Jahren Abteilungsleiterin Verwaltung • Zu ihren Aufgaben gehört die Koordination der Bereiche Rechnungswesen, Organisation/ Datenverarbeitung, Personal, Zentrale Korrespondenz	
Gerd Müller, 63 Jahre alt • Abteilungsleiter Produktion • Er ist seit 25 Jahren im Unternehmen und seit 10 Jahren als Abteilungsleiter tätig. • Herr Müller gilt als zuverlässiger Mitarbeiter. • Seine Aufgabe besteht darin, die Produktionsabläufe der Bürodesign GmbH zu organisieren, zu steuern und zu überwachen. • In der Vergangenheit kam es zu Meinungsverschiedenheiten zwischen Herrn Müller und Herrn Braun (Assistent der Geschäftsleitung) wegen unwirtschaftlicher Produktionsvorhaben.	
Sven Braun, 45 Jahre alt • Assistent der Geschäftsleitung • Er ist seit 20 Jahren im Unternehmen als Assistenz der Geschäftsleitung beschäftigt. • Herr Braun gilt als gewissenhafter und zuverlässiger Mitarbeiter. • Herr Braun begleitet die Planung und die Steuerung der Unternehmensprozesse.	

Ihre Entscheidung: ______________________________

Übung 7.5: Maßnahmen zur Lösung von Konflikten kennenlernen

1. Formulieren Sie drei Regeln für eine gelungene Kommunikation in Konfliktgesprächen. Tauschen Sie sich danach im Klassenverband aus und erstellen gemeinsam eine Liste mit Regeln.

2. Auch die Körpersprache spielt eine entscheidende Rolle bei einem erfolgreich durchgeführten Konfliktgespräch. Damit Ihr nächstes Konfliktgespräch erfolgreich verläuft, überlegen Sie, wie Ihre Körpersprache bezogen auf die unten aufgeführten Aspekte aussehen soll und was Sie vermeiden sollten.

Merkmale	Was sollten Sie vermeiden?	Wie sollte es sein?
Mimik 		
Körperhaltung 		
Bewegung 		
Blick 		

Beschaffung

Lernsituation 1: Sie begründen die Aufgaben und Ziele der Beschaffung

In der Bürodesign GmbH findet eine Konferenz aller Abteilungsleiter mit den Geschäftsführern Herrn Stein und Frau Friedrich statt. Das Thema der Konferenz ist die Erweiterung der Produktlinie von Büromöbeln aus ökologisch vertretbaren und umweltschonenden Materialien. Der Gruppenleiter des Bereiches Konstruktion und Design, Herr Kempf, stellt die neuen Ideen zur Produktlinie vor und findet bei den Abteilungsleitern sowie der Geschäftsführung große Zustimmung. In der folgenden Diskussion über die Marktchancen der ökologischen Produktlinie wird schnell klar, dass der Beschaffungsprozess eine entscheidende Rolle spielen wird. Herr Müller, der Abteilungsleiter Produktion, führt dazu an:

„Wir werden zukünftig mit diesen neuen Produkten konkurrenzfähig sein können, wenn wir es schaffen, unsere Kosten in der Beschaffung und im Lager niedrig zu halten, ohne unsere Produktions- und Lieferbereitschaft zu beeinträchtigen trotz der hohen qualitativen Anforderungen, die wir im Beschaffungsbereich bei dieser Produktlinie haben. Wichtig ist dabei, dass wir die Kommunikation der Abteilungen bzw. Bereiche innerhalb unseres Unternehmens verbessern. Denken Sie an unsere Verzögerung in der Produktion im Herbst letzten Jahres, bei der unser Hauptlieferant für Gasdruckfedern nicht rechtzeitig liefern konnte. Verursacht wurde dieses Problem durch eine zu kurzfristige Bestellung, die wiederum ihren Grund darin hatte, dass einzelne Abteilungen und Bereiche nicht aufeinander abgestimmt waren.“

Analyse des Einstiegsszenarios

Erläutern Sie die Aufgaben und Ziele des Beschaffungsprozesses in der Bürodesign GmbH bei der Erweiterung der ökologischen Produktlinie.

Erläutern Sie, warum es im Beschaffungsprozess der Bürodesign GmbH zu einem Problem mit den fehlenden Gasdruckfedern für die Produktion gekommen sein kann.

Nennen Sie die Konsequenzen einer zu späten Beschaffung von Materialien in der Bürodesign GmbH.

Erklären Sie, warum die Abstimmung des Beschaffungsprozesses mit anderen Prozessen in der Bürodesign GmbH von großer Bedeutung ist.

Planen und durchführen

Stellen Sie im folgenden Schaubild zum Beschaffungsprozess dar:
1. die Interessen der beteiligten Funktionsbereiche,
2. die für Beschaffungsprozess benötigen Informationen.

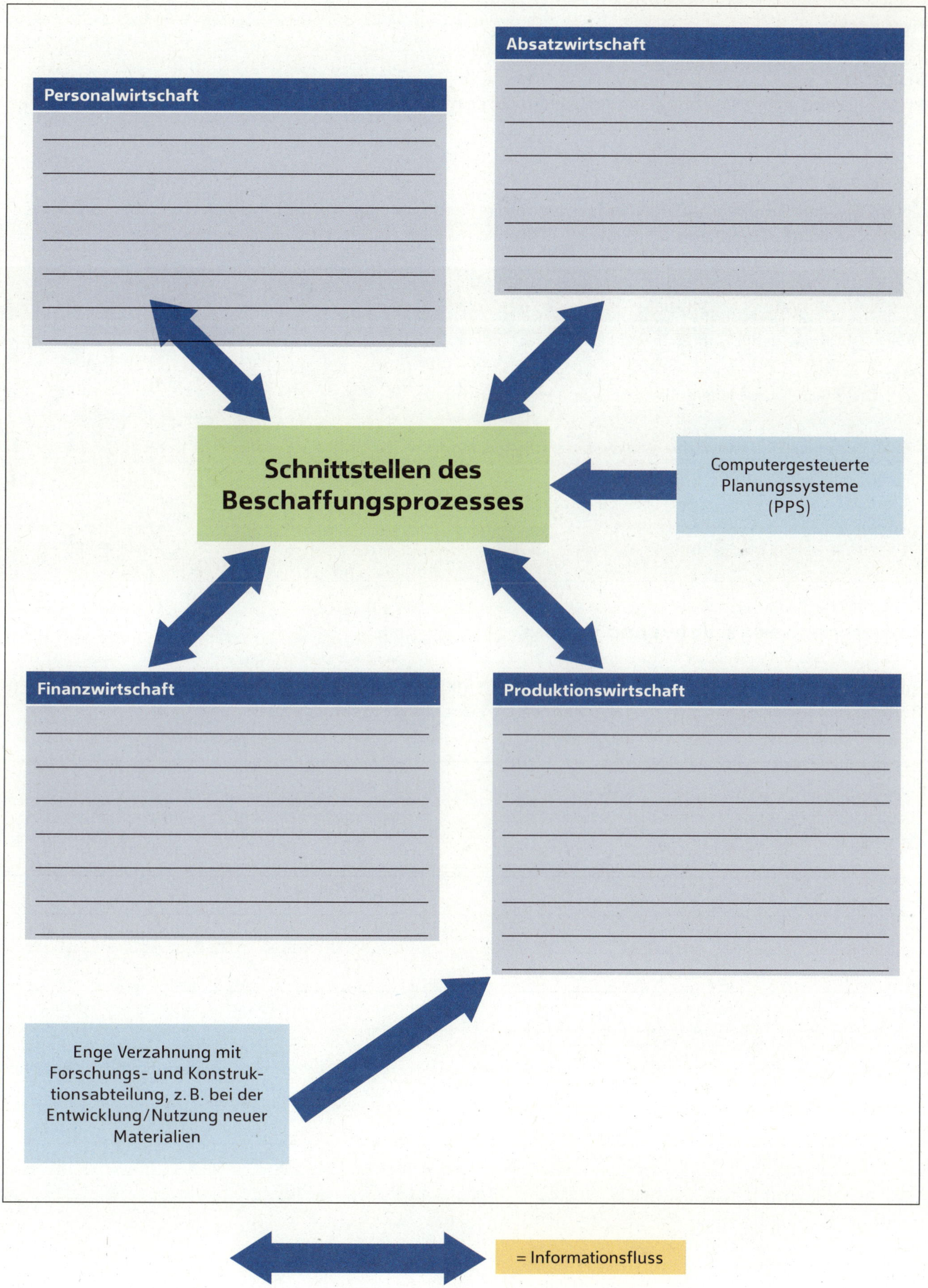
Personalwirtschaft
Absatzwirtschaft
Schnittstellen des Beschaffungsprozesses
Computergesteuerte Planungssysteme (PPS)
Finanzwirtschaft
Produktionswirtschaft
Enge Verzahnung mit Forschungs- und Konstruktionsabteilung, z. B. bei der Entwicklung/Nutzung neuer Materialien
= Informationsfluss

Bewerten

Schritt 1:
Präsentieren Sie Ihre Ergebnisse und tauschen Sie sich über die Inhalte aus. Ergänzen Sie ggf. Ihre eigene Präsentation.

Schritt 2:
Geben Sie den Gruppen nach der Präsentation ein Feedback zum Vortrag. Nutzen Sie folgendes Bewertungsschema als Grundlage:

	Aspekte	Stimme eher zu	Stimme eher nicht zu
1.	Die Abfolge der Präsentation war klar und nachvollziehbar.	☐	☐
2.	Die Inhalte wurden gut erklärt und waren sachlich richtig.	☐	☐
3.	Praktische Beispiele waren zum Verständnis hilfreich.	☐	☐
4.	Das Auftreten wirkte sprachlich und körpersprachlich sicher.	☐	☐
5.	Die Medien zur Präsentation waren geeignet und wurden sicher eingesetzt.	☐	☐

Lernergebnisse vertiefen und sichern

Informieren Sie sich im Internet über Möglichkeiten, die Kommunikation und den Informationsfluss in der Bürodesign GmbH zu optimieren. Tauschen Sie sich über Ihre Ergebnisse aus.

Lernsituation 2: Sie berücksichtigen Aspekte einer nachhaltigen Beschaffung

In der Bürodesign GmbH findet eine weitere Besprechung der Geschäftsleitung mit den Abteilungsleitern statt, bei der Silvia Land das Protokoll führt. Frau Friedrich erklärt den Anwesenden:
„Ich habe Sie heute zusammengerufen, da ich eine sehr erfreuliche Mitteilung habe. Unser Drehstuhl ‚Ergo-design-natur' wurde von der Fachpresse als der ‚Öko-Stuhl' des Jahres 2020 bezeichnet, da er aus wenigen, unbedenklichen, sortenreinen und gekennzeichneten Werkstoffen besteht, die zu 95 % recycelt werden können. Zudem haben wir bei diesem Stuhl auf geschweißte oder verklebte Verbindungen gänzlich verzichtet. Seit der Produkteinführung im Jahr 2019 rückt der ‚Ergo-design-natur' mit einem Produktionsanteil von 15 % auf Platz zwei im Programm der Bürodesign GmbH. Lassen Sie uns auf diesem Weg weitermachen und die Erweiterung unserer ökologischen Produktlinie vorantreiben. Wir möchten als Unternehmen sogar einen Schritt weitergehen. Die Einbindung ökologischer Produkte in unser Sortiment ist nur ein Teil der ‚nachhaltigen Prozesse' in unserem Unternehmen. Es gibt eine Vielzahl von Aktivitäten im Beschaffungsprozess, bei denen wir das Thema Nachhaltigkeit intensivieren und besser werden können. Schauen Sie nur auf die Arbeitsbedingungen bei unseren Lieferanten in Asien. Es gibt noch viel zu tun, aber unser Ziel ist, in der Nachhaltigkeit die Nummer eins unter den Büromöbelherstellern zu werden."

Analyse des Einstiegsszenarios

Finden Sie mögliche Ursachen für den Markterfolg des Bürostuhls „Ergo-design-natur".

Nennen Sie Gründe, warum das Thema Nachhaltigkeit in der Bürodesign GmbH einen hohen Stellenwert erhält.

Planen

Information

3-Säulen-Modell der Nachhaltigkeit

Ökologie	Soziales	Ökonomie
• schonender und verantwortungsvoller Umgang mit der Umwelt • Lebensgrundlage: Umwelt schützen	globale Schaffung zukunftsfähiger und lebenswerter gesellschaftlicher Bedingungen: • Gerechtigkeit • Wohlstand • Bildung • Arbeitsleben	• Reduzierung des Ressourcenverbrauchs • Reduzierung der Umweltbelastung • langfristige Wettberbsfähigkeit

Erfolg und Zukunft durch verantwortungsvolles Handeln von Unternehmen

Erarbeiten Sie konkrete Maßnahmen für die Bürodesign GmbH, um der ökologischen, ökonomischen und sozialen Verantwortung als Industrieunternehmen gerecht zu werden. Betrachten Sie dabei den gesamten Beschaffungsprozess mit seinen Aktivitäten innerhalb und außerhalb der Bürodesign GmbH.

Gehen Sie in folgenden zwei Arbeitsschritten vor:

1. Schritt: Sammeln Sie in der Gruppe Vorschläge für „nachhaltige" Maßnahmen.

2. Schritt: Ordnen Sie die Maßnahmen den Bereichen Ökologie, Ökonomie und Soziales in der Tabelle zu.

Ökologische Nachhaltigkeit

Ökonomische Nachhaltigkeit

Soziale Nachhaltigkeit

Durchführen

Präsentieren Sie Ihren Maßnahmenkatalog im Plenum. Stellen Sie in dieser Phase lediglich Ihre Maßnahmen vor und ergänzen Sie Ihren eigenen Maßnahmenkatalog ggf. mit positiven Beispielen der anderen Gruppen.

Bewerten und reflektieren

1. Einigen Sie sich in den Gruppen jeweils auf drei Maßnahmen, die Sie in den Bereichen der ökologischen, ökonomischen und sozialen Nachhaltigkeit erarbeitet haben. Tragen Sie diese Maßnahmen in Kurzform in die Karten neben den Matrizen ein.

2. Geben Sie in den drei Bereichen eine Einschätzung zu den ausgewählten Maßnahmen im Hinblick auf
   - die gesellschaftliche Bedeutung,
   - den langfristigen Nutzen für die Bürodesign GmbH ab.

   Tragen Sie für Ihre individuelle Einschätzung das Kürzel der Maßnahme (z. B. M1) in die jeweilige Matrix ein.

3. Einigen Sie sich im nächsten Schritt auf eine gemeinsame Bewertung Ihrer Gruppe auf Grundlage der Individualergebnisse. Ergänzen Sie die Bewertung der Gruppe mit einer anderen Farbe in der Matrix.

4. Stellen Sie Ihr Gruppenergebnis im Plenum kurz vor und diskutieren Sie die Ergebnisse.

Ökologische Nachhaltigkeit

Maßnahmen

M1 ____
____
____

M2 ____
____
____

M3 ____
____
____

Bewertung

	Niedrig	Mittel	Hoch
Gesellschaftliche Bedeutung			
Nutzen für die Bürodesign GmbH			

Ökonomische Nachhaltigkeit

Maßnahmen

M1 ____
____
____

M2 ____
____
____

M3 ____
____
____

Bewertung

	Niedrig	Mittel	Hoch
Gesellschaftliche Bedeutung			
Nutzen für die Bürodesign GmbH			

Soziale Nachhaltigkeit

Maßnahmen

M1 ____
____
____

M2 ____
____
____

M3 ____
____
____

Bewertung

	Niedrig	Mittel	Hoch
Gesellschaftliche Bedeutung			
Nutzen für die Bürodesign GmbH			

Beurteilen Sie in einer kurzen Zusammenfassung die zukünftige Bedeutung des nachhaltigen Wirtschaftens für die Bürodesign GmbH.

Lernergebnisse sichern und vertiefen

Nachhaltiges Handeln liegt nicht allein in der Verantwortung von Unternehmen oder dem Staat. Jeder Einzelne kann sich in seinem Lebensumfeld nachhaltig verhalten. Nennen Sie je drei Beispiele für nachhaltiges Verhalten in den Bereichen Mobilität, Konsum und Wohnen.

Mobilität	Konsum	Wohnen

Tipp: Interessante Informationen zum Thema Nachhaltigkeit liefert das Unternehmen Ritter Sport, Gewinner des „Deutschen Nachhaltigkeitspreises 2018“, auf seiner Website unter https://www.ritter-sport.com/de/nachhaltigkeit#UnsereZertifizierungen

Übung 2.1: Als Unternehmen am Fairen Handel teilnehmen

In der Beschaffungsabteilung wird in der Vorbereitung der Produktion von Schreibtischen aus der neuen ökologischen Produktlinie darüber nachgedacht, ob hochwertiges Holz für Schreibtischplatten aus einem Fair-Trade-Betrieb in Bolivien bezogen werden soll.

FAIRTRADE

Das Siegel für fairen Handel

Erklären Sie den Begriff des Fairen Handels (Fair Trade) und erläutern Sie, welche Ziele damit verbunden sind.

Unter Fairem Handel versteht man ...	Ziele des Fairen Handels sind ...

Sammeln Sie Gründe, die in der Bürodesign GmbH für eine positive Entscheidung über die Beschaffung von „fair gehandeltem“ Holz sprechen würden.

Finden Sie weitere Beispiele, wie Produkte aus dem Fairen Handel in die Bürodesign GmbH integriert werden könnten. Informieren Sie sich im Internet unter www.fairtrade-deutschland.de.

Übung 2.2: Angebotsanalyse erstellen: Verfahren der Materialbedarfsermittlung

Vervollständigen Sie das folgende Schaubild zu den Verfahren der Materialbedarfsermittlung.

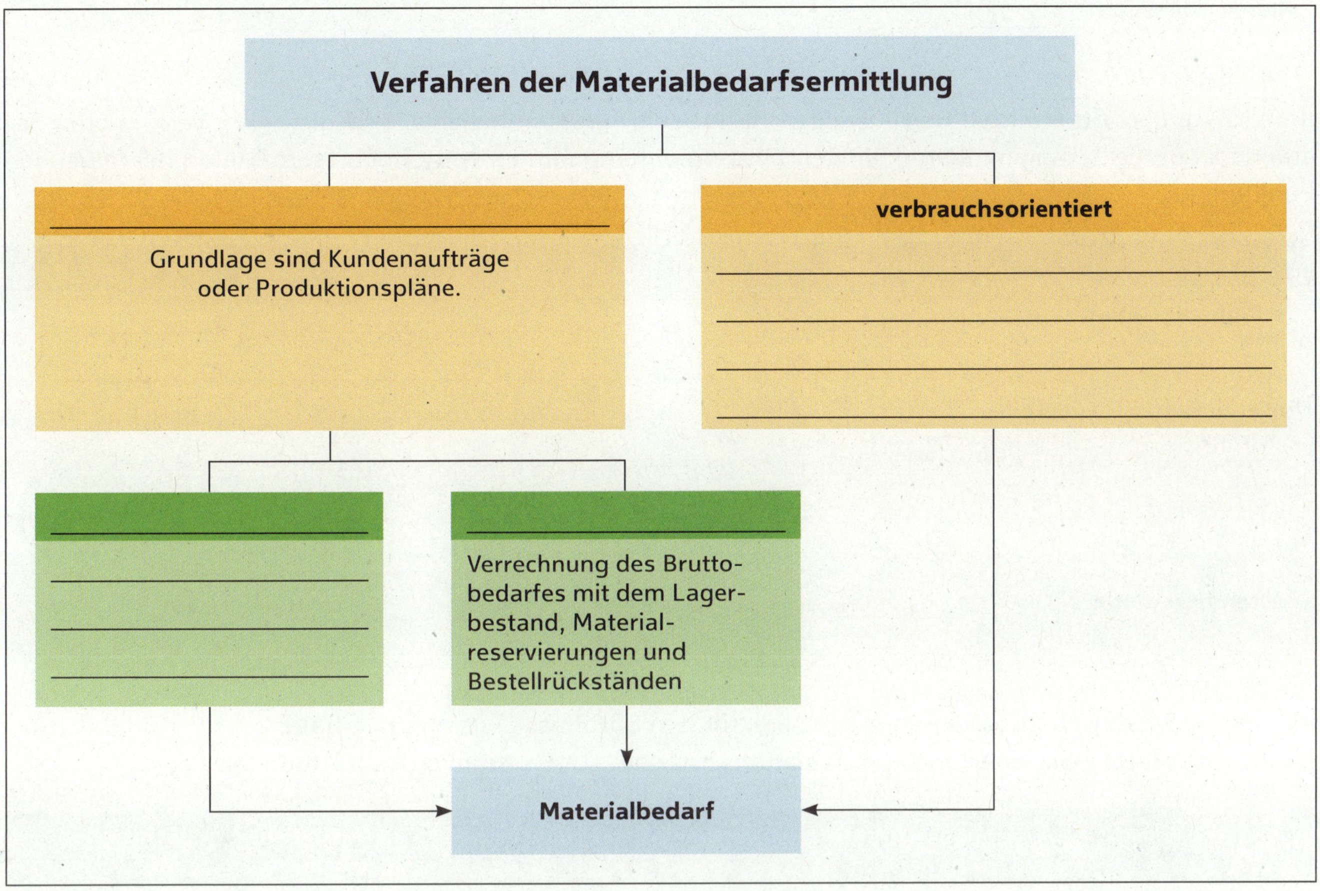

Übung 2.3: Angebotsanalyse erstellen: Bedarfsrechnung

In der Abteilung Beschaffung wird aufgrund des geplanten Produktionsprogramms der Materialbedarf für den neuen höhenverstellbaren Bürotisch „Frisian Style Natur“ ermittelt. Dem Abteilungsleiter Herrn Kaya liegt folgende Stückliste vor:

Stückliste Bürotisch Frisian Style Natur

Position	Benennung	Menge	Einheit
1	Tischplatte	1	Stück
2	Gestell	1	Stück
3	Tischbein	4	Stück
4	Ausgleichsschrauben	4	Stück
5	Schrauben M6	16	Stück

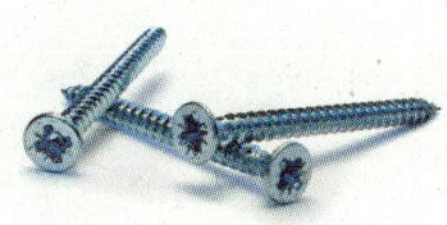

Es wird ein Primärbedarf von 10.000 Bürotischen festgelegt. Berechnen Sie den **Bruttobedarf** an Materialien (Sekundärbedarf):

Material	Tischplatte	Gestell	Tischbein	Ausgleichsschrauben	Schrauben M6
Menge (Stück)					

Im nächsten Schritt ermittelt Herr Kaya den Nettobedarf an Materialien. Dabei gilt es die verfügbaren Bestände zu berücksichtigen. Klären Sie den Zusammenhang mit der Nettobedarfsermittlung bei folgenden Punkten:

	Erklärung
Verfügbarer Lagerbestand	
Reservierung für andere Aufträge	
Zusatzbedarf	
Bestellrückstände	

Berechnen Sie den Nettobedarf an Materialien für den Bürotisch „Frisian Style Natur“.
(Alternativ: Nutzen Sie eine Tabellenkalkulationssoftware zur Ermittlung des Nettobedarfes.)

	Tischplatte	Gestell	Tischbein	Ausgleichs-schrauben	Schrauben M6
Bruttobedarf					
– verfügbare Lagerbestände	4.000	5.700	12.000	14.000	60.000
+ Zusatzbedarf	0	100	0	1.000	4.000
– Bestellrückstände	1.500	2.000	4.000	0	16.000
= Nettobedarf					

Übung 2.4: Den Mindest- und Meldebestand ermitteln

In der Produktionsabteilung der Bürodesign GmbH wird das Material Sitzschale bei der Produktion von Konferenzstühlen täglich in einer Menge von 400 Stück montiert. Die Beschaffungszeit beträgt fünf Tage und der Mindestbestand liegt bei 1.600 Sitzschalen. Ermitteln Sie den Meldebestand.

In vielen Industrieunternehmen wird die Bestellung der Materialien automatisch über entsprechende EDV-Systeme erzeugt. Dies passiert dann, wenn im Lager die Anzahl der Materialien unter den Meldebestand sinkt. Begründen Sie, warum die Bürodesign GmbH trotzdem einen Mindestbestand festlegt.

Bei dem Lieferanten für Sitzschalen kommt es zu einer unerwarteten Lieferungsverzögerung von drei Tagen. Berechnen Sie, ob die Bürodesign GmbH mit dem Mindestbestand ihre Produktionsbereitschaft sichern kann.

Übung 2.5: Das Bestellpunkt-, das Bestellrhythmus- und das Just-in-time-Verfahren vergleichen

Herr Kaya beauftragt die Auszubildende Silvia Land, für die nächste interne Schulung der Auszubildenden eine Übersicht zu den Verfahren der Beschaffung mit Vor- bzw. Nachteilen zu erarbeiten. Vervollständigen Sie dazu die folgende Übersicht.

Bestellpunktverfahren	
Definition:	
Vorteile des Verfahrens	Nachteile des Verfahrens

Bestellrhythmusverfahren	
Definition: ______	
Vorteile des Verfahrens	Nachteile des Verfahrens

Just-in-time-Verfahren	
Definition: ______	
Vorteile des Verfahrens	Nachteile des Verfahrens

Übung 2.6: Entscheidungen über Eigenfertigung oder Fremdbezug treffen

Herr Stam, Abteilungsleiter Absatz, hat Herrn Kaya, Abteilungsleiter Beschaffung, zu einer Besprechung gebeten, bei der es um eine wichtige Anfrage des Unternehmens Südfrost AG aus Jever geht. Das Tiefkühllogistikunternehmen ist ein wichtiger Kunde der Bürodesign GmbH und benötigt 30 Büroschreibtische mit speziellen Halterungen für großformatige All-in-one-PCs. Bisher hat die Bürodesign GmbH solche Halterungen nicht im Programm, aber dennoch möchte man den Auftrag des Kunden aus Jever gerne bekommen. Zudem häufen sich in den letzten Monaten die Nachfragen nach diesen speziellen Halterungen auch von anderen Kunden.

Ermitteln Sie, welche grundsätzlichen Vorüberlegungen gemacht werden müssen, um zu entscheiden, ob die Spezialhalterungen fremdbezogen oder selbst gefertigt werden können.

Ermitteln Sie für die nachstehenden Werte, ob die Eigenfertigung oder der Fremdbezug einer Spezialhalterung kostengünstiger ist. Es wird mit einem Bedarf von 6.500 Stück gerechnet. Der Skonto soll ausgenutzt werden.

Fremdbezug	
Listenpreis der Spezialhalterung	7,00 €
Lieferantenrabatt	10 %
Skonto	3 %
Bezugspreis	

Eigenfertigung	
variable Kosten	
Materialkosten je Stück	2,05 €
Lohnkosten je Stück	2,10 €
fixe Kosten	
Maschinenkosten	7.000,00 €

Gesamtkosten des Fremdbezuges

Formel:

Gesamtkosten der Eigenfertigung

Formel:

Stückkosten der Eigenfertigung

Ermitteln Sie, ab welcher Stückzahl die Eigenfertigung kostengünstiger wird. Ermitteln Sie dafür die kritische Menge in einem tabellarischen Kostenvergleich. Nutzen Sie ggf. ein Tabellenkalkulationsprogramm.

Gesamtkostenvergleich

Menge in Stück	K (Eigen.) in €	k (Eigen.) in €	K (Fremd.) in €
500			
1.000			
1.500			
2.000			
2.500			
3.000			
3.500			
4.000			
4.500			
5.000			
5.500			
6.000			
6.500			
7.000			
7.500			
8.000			
8.500			
9.000			
9.500			
10.000			

Die kritische Menge liegt zwischen der Produktionsmenge von ________ Stück und ________ Stück.

Übung 2.7: Internetgestützte Beschaffungssysteme einsetzen (E-Procurement)

Die elektronische Beschaffung von Gütern und Dienstleistungen mithilfe des Internets oder ERP-Systemen spielt in der Bürodesign GmbH eine wichtige Rolle. Informieren Sie sich zu diesem Thema im Schulbuch und in weiteren Informationsquellen. Stellen Sie Ihre Arbeitsergebnisse in der vorstrukturierten Mindmap dar.

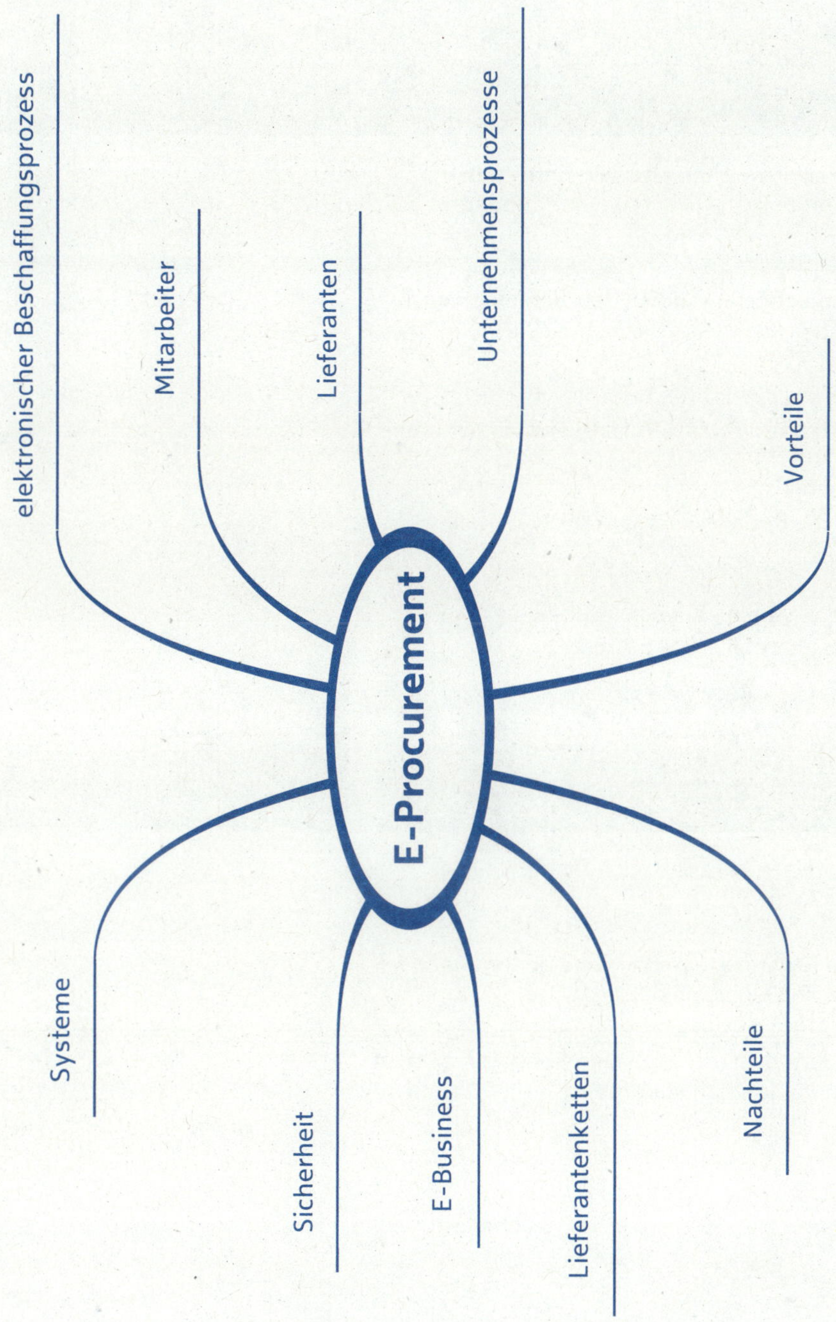
E-Procurement
elektronischer Beschaffungsprozess
Mitarbeiter
Lieferanten
Unternehmensprozesse
Vorteile
Systeme
Sicherheit
E-Business
Lieferantenketten
Nachteile

Lern- und Unterrichtscheck

Reflektieren Sie Ihr Lernen und Arbeiten sowie den zurückliegenden Unterricht nach der 1. und 2. Lernsituation und den folgenden Übungen. Sie können sich anschließend darüber in Ihrer Klasse austauschen.

Eigener Lernerfolg	Trifft zu	Trifft überwiegend zu	Trifft überwiegend nicht zu	Trifft nicht zu
1. Mir ist klar geworden, mit welchen anderen Bereichen im Unternehmen und warum man sich im Beschaffungsprozess abstimmen muss.	☐	☐	☐	☐
2. Ich kenne und Möglichkeiten und die Bedeutung eines nachhaltigen Beschaffungsprozesses.	☐	☐	☐	☐
3. Ich kann die Beschaffungsverfahren Bestellrhythmus-, Bestellpunkt- und Just-in-time-Verfahren unterscheiden und einen Meldebestand ermitteln.	☐	☐	☐	☐
4. Ich bin in der Lage, eine Bedarfsrechnung für Materialien durchzuführen.	☐	☐	☐	☐
5. Mir gelingt es, eine begründete Entscheidung über Fremd- oder Eigenbezug von Materialien zu treffen.	☐	☐	☐	☐
Lern- und Arbeitsprozess	**Trifft zu**	**Trifft überwiegend zu**	**Trifft überwiegend nicht zu**	**Trifft nicht zu**
6. In den Einzelarbeitsphasen habe ich mich fachlich sicher gefühlt.	☐	☐	☐	☐
7. Beim Vergleichen der Ergebnisse haben wir selbstständig Fehler gefunden bzw. Probleme gelöst.	☐	☐	☐	☐
8. Mir haben insbesondere Unterrichtsphasen Spaß gemacht, in denen wir selbstständig arbeiten konnten.	☐	☐	☐	☐
9. Ich löse gerne Aufgaben, bei denen es um die Berechnung von Werten geht.	☐	☐	☐	☐
Unterricht	**Trifft zu**	**Trifft überwiegend zu**	**Trifft überwiegend nicht zu**	**Trifft nicht zu**
10. Die Lehrkraft hat die Inhalte im Schulbuch mit gehaltvollen Informationsmaterialien ergänzt.	☐	☐	☐	☐
11. Meine Lehrkraft hat mich im Lernprozess gefordert und unterstützt.	☐	☐	☐	☐

Lernsituation 3: Sie erstellen eine kriteriengeleitete Angebotsanalyse

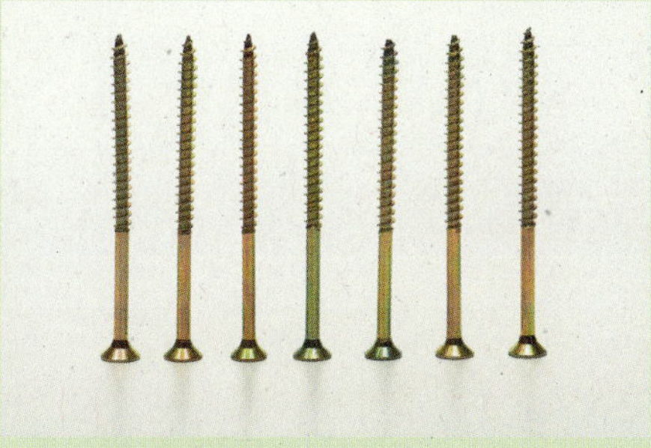

Die Beschaffung der Materialien für den Bürostuhl „Ergo-design-natur" führt zwischen den Mitarbeitern Herrn Miebach (Gruppenleiter Metall) und Frau Schorn (Gruppenleiterin Zubehör) zu einer heftigen Diskussion.

Herr Miebach: *„Wir haben schon seit 15 Jahren bei der Schraubenfabrik Schuster & Söhne OHG eingekauft. Selbst wenn Sie meinen, wir könnten ein paar Cent sparen, können wir doch nicht einfach den Lieferanten wechseln."*

Frau Schorn: *„Okay, Herr Miebach, wegen ein paar Cent würde ich ja auch nicht wechseln wollen. Aber die Preise bei diesem Lieferanten sind in den letzten Jahren enorm gestiegen und Sie wissen doch, welchen Ärger wir in der letzten Zeit wegen der Qualität hatten. 10 % der gelieferten Schrauben waren bereits verrostet und der Sachbearbeiter an der Hotline hat uns immer nur vertröstet. Dazu kommen noch die Probleme mit den nicht termingerechten Lieferungen."*

Herr Miebach: *„Gut, dann lassen Sie doch eine Liste mit Kriterien für die Lieferantenauswahl erstellen."*

Frau Schorn denkt sich: *„Dem Miebach werde ich es zeigen, der Preis ist doch nicht alles. Wir sind doch nicht mit der Schraubenfabrik Schuster & Söhne OHG verheiratet. Andere Firmen sind doch auch leistungsfähig und eventuell günstiger."*

Analyse des Einstiegsszenarios

Erläutern Sie, warum es bei der Beschaffung von Materialien für den Bürostuhl „Ergo-design-natur" zu einer heftigen Diskussion zwischen Frau Schorn und Herrn Miebach gekommen ist.

___

___

___

___

___

___

___

___

Sammeln Sie mithilfe von Metaplankarten Entscheidungskriterien, die bei der Auswahl von Lieferanten eine Rolle spielen könnten.

Planen und entscheiden

Ordnen Sie die Entscheidungskriterien (Metaplankarten) in quantitative und qualitative Entscheidungskriterien. Übernehmen Sie anschließend die fertigen Gruppen in die folgende Übersicht.

Quantitative Kriterien	Qualitative Kriterien

Suchen Sie aus den quantitativen und qualitativen Entscheidungskriterien je zwei Kriterien heraus, die für die Bürodesign GmbH in Bezug auf die in der Situation beschriebene Schraubenfabrik Schuster & Söhne OHG von besonderer Bedeutung sein könnten. Begründen Sie Ihre Entscheidung.

Quantitativ:

Quantitativ:

____

____

____

____

Qualitativ:

____

____

____

____

____

Qualitativ:

____

____

____

____

Durchführen

Herr Miebach möchte die Bezugspreise für die Schrauben neu kalkulieren. Er erhofft sich dadurch, Frau Schorn aufzuzeigen, dass die Bezugspreise der Schraubenfabrik Schuster & Söhne OHG mit denen der Konkurrenz mithalten können.

Übernehmen Sie mithilfe einer Tabellenkalkulationssoftware das von Herrn Miebach erstellte Kalkulationsschema und berechnen Sie die Bezugs-/Einstandspreise. Übertragen Sie anschließend Ihre Ergebnisse ins Arbeitsheft.

Bezugspreisvergleich/ Angebotsvergleich						
Kalkulationsschema	Schuster & Söhne OHG		Metall AG		Schraub GmbH	
	%	€	%	€	%	€
Listenpreis je 10.000 Stück		438,00		399,00		422,50
– Rabatt	5	____	7,5	____	10	____
= Zieleinkaufspreis		____		____		____
– Skonto	2	____	2,5	____	2	____
= Bareinkaufspreis		____		____		____
+ Bezugskosten je 10.000 Stück		20,00		55,00		46,00
= Bezugs-/Einstandspreis		____		____		____

Abspeichern und ausdrucken nicht vergessen!

Bewerten

Bewerten und beurteilen Sie den von Ihnen durchgeführten Angebotsvergleich und entscheiden Sie sich anschließend für einen der Anbieter. Begründen Sie Ihre Entscheidung.

Herr Miebach freut sich über die Hilfe und möchte gerne ein kurzes Feedback über den generellen Einsatz einer Tabellenkalkulationssoftware bei der Erstellung eines Angebotsvergleiches.

Während Herr Miebach mit den Vorbereitungen für sein Kalkulationsschema beschäftigt ist, macht sich Frau Schorn daran, anhand ausgewählter Entscheidungskriterien eine Nutzwertanalyse vorzubereiten, um Herrn Miebach zu verdeutlichen, dass der Preis nicht alles sein kann.

Frau Schorn hat folgende Informationen über die Schuster & Söhne OHG, die Metall AG und die Schraub GmbH vorliegen.

Schuster & Söhne OHG

Das Lieferverhalten der Schuster & Söhne OHG ist als äußerst positiv zu bezeichnen. Waren werden umgehend und zuverlässig geliefert. Reklamationen werden in der Regel ordentlich abgewickelt, in einigen Fällen allerdings erst nach mehreren Anläufen. Bei der Qualität der Produkte müssen häufig Abstriche gemacht werden. Teile der Produkte werden bereits defekt angeliefert. Der technische Fortschritt in den einzelnen Produktpaletten ist als veraltet zu bezeichnen. Auch die Produktion könnte deutlich umweltfreundlicher erfolgen. Der Bezugs-/Einstandspreis 10.000 Schrauben liegt bei 427,78 €.

Metall AG

Die Lieferverpflichtungen des Unternehmens sind als zuverlässig zu bezeichnen. Auch Reklamationen werden umgehend bearbeitet und stets zum Wohle der Kunden entschieden. Die Produkte der Metall AG sind nach höchsten Qualitätsstandards gefertigt und entsprechen dem neuesten Stand der Technik und werden unter besonderer Berücksichtigung der ökologischen Aspekte gefertigt, wofür das Unternehmen bereits mehrfach ausgezeichnet wurde. Der Bezugs-/Einstandspreis für 10.000 Schrauben liegt bei 414,84 €.

Schraub GmbH

Die Lieferungen der Schraub GmbH sind als befriedigend zu bezeichnen. Es kommt gelegentlich zu kleineren Verzögerungen. In Kulanzfällen zeichnet sich das Unternehmen durch schnelle und großzügige Abwicklung aus, so wird defekte Ware umgehend ausgetauscht. Die Produkte haben eine ansprechende Qualität und der technische Stand kann noch gerade als aktuell bezeichnet werden. Auch werden bei der Produktion nicht alle Möglichkeiten der umweltfreundlichen Herstellung berücksichtigt. Große Teile einer Lieferung werden per Bahn transportiert. Der Bezugs-/ Einstandspreis für 10.000 Schrauben liegt bei 418,64 €.

Werten Sie für Frau Schorn die verschiedenen Informationen über die einzelnen Lieferanten mithilfe der Entscheidungstabelle/Nutzwertanalyse aus und entscheiden Sie sich für einen Lieferanten. Gehen Sie in folgenden Schritten vor:

1. Gewichten Sie die Entscheidungskriterien, indem Sie 100 Punkte entsprechend der Bedeutung für die Bürodesign GmbH verteilen.
2. Bewerten Sie die Kriterien beim jeweiligen Lieferanten mit 1, 2 oder 3 Punkten. Dabei sind 3 Punkte die höchste Bewertung.
3. Multiplizieren Sie die Gewichtungsfaktoren mit den Bewertungen der Lieferanten.

Entscheidungskriterien	Gewichtungsfaktoren	Schuster & Söhne OHG		Metall AG		Schraub GmbH	
		Bewertung	Gewichtete Bewertung	Bewertung	Gewichtete Bewertung	Bewertung	Gewichtete Bewertung
Summe	100						

Bewerten und beurteilen Sie den Einsatz einer Entscheidungstabelle/Nutzwertanalyse, um einen geeigneten Lieferanten für die Bürodesign GmbH zu finden.

Lernergebnisse sichern und vertiefen

Aufgaben mit dem Computer und einer Tabellenkalkulationssoftware:

Nehmen Sie sich den von Ihnen mit einer Tabellenkalkulationssoftware erstellten Bezugspreis/Angebotsvergleich noch einmal vor. Erstellen Sie hieraus ein Musterformular für die Bürodesign GmbH, welches von den Mitarbeitern für sämtliche Bezugspreis- bzw. Angebotsvergleiche genutzt werden kann. Achten Sie dabei besonders auf einen möglichst flexiblen Einsatz der Tabelle und eine passende Formatierung.

Mögliche Vorgaben für die Formatierung der Tabelle:

Abspeichern und ausdrucken nicht vergessen!

Übernehmen Sie anschließend mithilfe einer Tabellenkalkulationssoftware das Layout der Entscheidungstabelle. Formatieren Sie das Layout und fügen Sie passende Formeln ein. Führen Sie anschließend die Nutzwertanalyse erneut durch.

Speichern Sie sowohl die Vorlage für weitere mögliche Nutzwertanalysen als auch die soeben durchgeführte Nutzwertanalyse ab. Machen Sie sich jeweils einen Ausdruck für Ihre Unterlagen.

Übung 3.1: Optimale Bestellmenge

Die Abteilung Beschaffung schließt mit den Geschäftsführern der Bürodesign GmbH eine Zielvereinbarung, dass die Bestellkosten für das nächste Geschäftsjahr um 5 % gesenkt werden sollen. Herr Kaya, der Abteilungsleiter, diskutiert mit Herrn Müller, dem Abteilungsleiter der Produktion, über diese Zielsetzung.

Herr Kaya: *„Das Problem werde ich ganz einfach lösen. Ich werde größere Mengen bestellen. Dadurch habe ich weniger Beschaffungsvorgänge und meine Abteilung spart in den Bestellkosten kräftig ein!“*

Herr Müller: *„Wenn das mal so einfach wäre. Wie soll ich dann der Geschäftsführung die steigenden Lagerkosten erklären? Wir werden eine Lösung finden müssen, in der wir für niedrige Kosten in beiden Bereichen, d. h. Lager- und Bestellkosten, sorgen.“*

Herr Kaya: *„Dann lassen Sie uns das mal am Beispiel der Bestellung unserer Sitzschalen für die Konferenzstühle berechnen.“*

Folgende Daten liegen vor:

Jahresbedarf „Sitzschale"	90.000 Stück
Lagerkosten[1] je Stück	0,35 €
Kosten je Bestellung	85,00 €

[1] Bei den Lagerkosten wird angenommen, dass durchschnittlich nur die Hälfte der Bestellmenge auf Lager liegt!

Bestimmen Sie die optimale Bestellmenge und die optimale Bestellhäufigkeit für das Material Sitzschale in tabellarischer Form. Die Bestellhäufigkeit wird vorgegeben (1–15).

Tabellarische Bestimmung der optimalen Bestellmenge

Anzahl der Bestellungen	Bestellmenge in Stück	Lagerkosten in €	Bestellkosten in €	Gesamtkosten in €
1				
2				
3				
4				
5				
6				
7				
8				
9				
10				
11				
12				
13				
14				
15				

Die optimale Bestellmenge liegt bei ______________________.

Erläutern Sie, ob es in der Praxis immer realisiert werden kann, die optimale Menge zu bestellen.

____

____

____

____

Lernsituation 4: Sie wenden die ABC-Analyse an

In der Abteilungsleiterkonferenz der Bürodesign GmbH wird über das zu erwartende Geschäftsergebnis des aktuellen Jahres diskutiert. Man ist sich einig, dass im nächsten Geschäftsjahr Maßnahmen zur Kostensenkung durchgeführt werden müssen. Die notwendigen Schritte werden intensiv diskutiert. Man einigt sich darauf, sich auf den Beschaffungsprozess zu konzentrieren. Herr Kaya, der Abteilungsleiter der Beschaffung, ist mit dieser Entscheidung nicht zufrieden.

Herr Stein: *„Im Vergleich mit anderen Unternehmen aus unserer Branche sind unsere Beschaffungskosten einfach zu hoch. Es muss uns gelingen, diese Kosten deutlich zu senken. Dafür werden Sie die Kostenstruktur aller Beschaffungsmaterialien genau analysieren müssen."*

Herr Kaya: *„Wie stellen Sie sich das vor? Wissen Sie, wie viele unterschiedliche Materialien momentan bei uns verarbeitet werden? Da kann ich jahrelang rechnen. Selbst mithilfe der EDV sitze ich da ewig dran. Ob sich das lohnt?"*

Herr Stein: *„Herr Kaya, natürlich lohnt es sich, nach Einsparmöglichkeiten zu suchen. Ich erwarte von Ihnen, dass Sie in der Lage sind, die kostenmäßig wichtigsten Materialien herauszufinden."*

Herr Kaya: *„Für uns sind alle Materialien gleich wichtig."*

Herr Stein: *„Aber Herr Kaya, Sie können mir doch nicht erzählen, dass der Einkauf von Schrauben genauso wichtig für unsere Kosten ist wie die Bestellung von Tischplatten."*

Analyse des Eingangsszenarios

Erläutern Sie, warum Herr Kaya die Analyse der Kosten für die Materialien als schwierig empfindet.

____

____

____

Beurteilen Sie, ob es notwendig ist, alle Beschaffungsmaterialien der Bürodesign GmbH hinsichtlich ihrer Kostenstruktur zu analysieren.

____

____

____

Planen und durchführen

In einem Gespräch mit den Gruppenleitern der Beschaffungsabteilung lässt sich Herr Kaya vom Gruppenleiter Herrn Miebach überzeugen, die sogenannte ABC-Analyse einzusetzen, um die Materialien nach Kategorien einzuordnen. Erläutern Sie, nach welchem Prinzip in der ABC-Analyse die Materialien sortiert werden.

____

____

____

____

____

____

Informieren Sie sich in Ihrem Schulbuch über die ABC-Analyse und beschreiben Sie schrittweise das Vorgehen in der ABC-Analyse.

Herr Miebach bereitet für die Konferenz der Abteilung ein Beispiel für die ABC-Analyse vor. Betrachtet werden acht Materialien, die für die Produktion des Bürostuhls „Ergo-design-natur" eingesetzt werden. Ermitteln Sie die A-, B- und C-Güter für die Materialien des Bürostuhls und stellen Sie das Ergebnis in einem Säulendiagramm dar.

ABC-Analyse

Beschaffungs-preis (€)	Beschaffungs-menge (Stück)	Artikel-Nr.	Rang	Verbrauchs-wert im Jahr (€)	Wertanteil in %	Mengen-anteil in %	Gruppe
12,00	1.000	1010					
100,00	450	1011					
191,00	150	1012					
13,00	800	1013					
244,00	150	1014					
8,00	1.200	1015					
4,00	1.500	1016					
7,00	900	1017					

Ergebnisse der ABC-Analyse

Güterart	Artikel	Wertanteil in %	Mengenanteil in %
A-Güter			
B-Güter			
C-Güter			

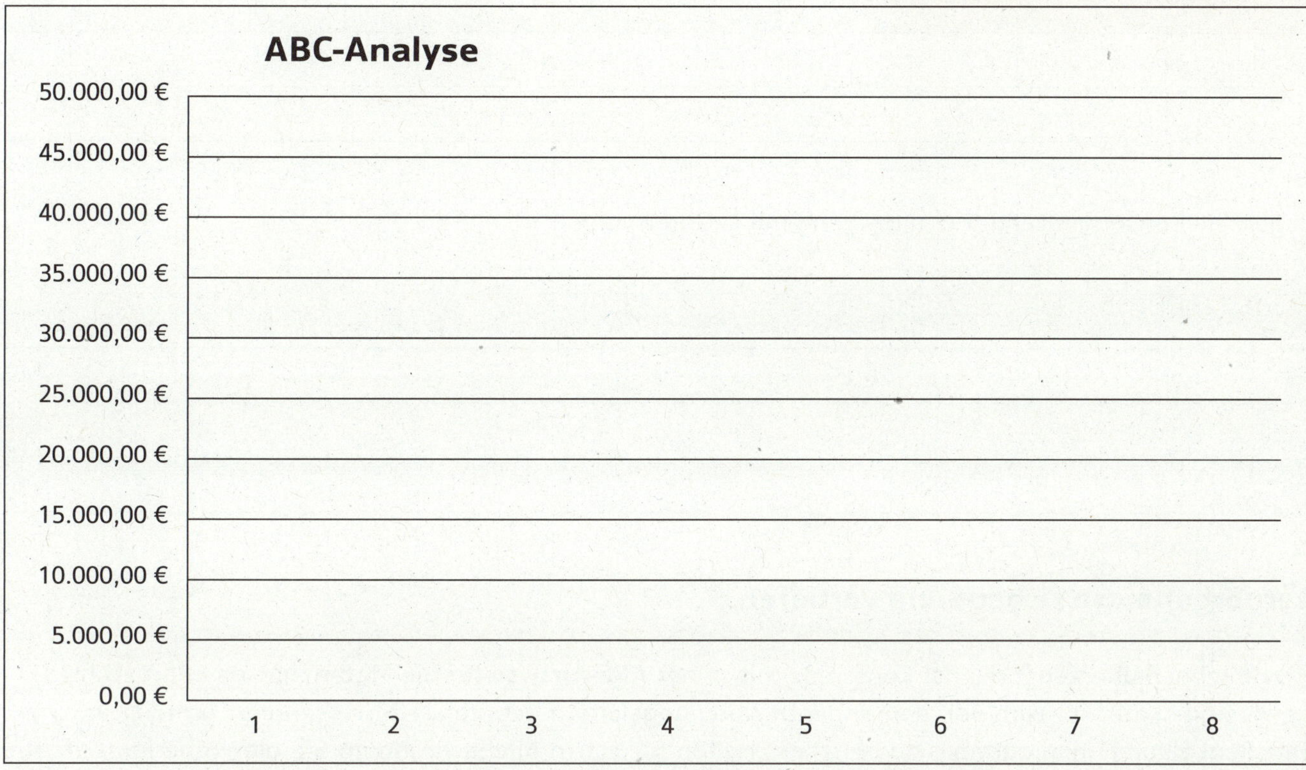

Bewerten und reflektieren

Vergleichen Sie Ihre Ergebnisse im Klassengespräch. Halten Sie wesentliche Aspekte fest.

Fassen Sie kurz zusammen, welche Erkenntnis Herr Kaya aus der Anwendung der ABC-Anlayse bei der Bewertung der Materialien für den Bürostuhl „Ergo-design-natur" ziehen könnte.

Nachdem die Materialien der Bürodesign in A-, B- und C-Güter eingeteilt wurden, gilt es insbesondere für die A-Güter Einsparpotenziale im Beschaffungsprozess festzustellen. Nennen Sie konkrete Aktivitäten der Beschaffungsabteilung, um Ansatzpunkte für Einsparungen bei den A-Gütern zu erhalten.

Legen Sie Konsequenzen für den Umgang mit C-Gütern fest.

Lernergebnisse sichern und vertiefen

Herr Miebach überzeugt bei der Konferenz mit seiner ABC-Analyse für die Materialien des Bürostuhls „Ergo-design-natur". Er wird von den anderen Abteilungsleitern gebeten, ein passendes Formular in einem Tabellenkalkulationsprogramm zu erstellen. Helfen Sie Herrn Miebach, indem Sie die vorherige Aufgabe mithilfe einer Tabellenkalkulationssoftware übernehmen. Achten Sie darauf, dass das Formular danach universell einsetzbar ist.

Übung 4.1: Ökologische Aspekte der Beschaffung berücksichtigen

a) Erläutern Sie, was es bedeutet, dass die Bürodesign GmbH ihre Beschaffungprozesse nach der Kreislaufstrategie und nicht mehr nach der Durchlaufstrategie ausrichtet.

b) Im Schaubild wird das Ergebnis einer Studie zum Stand der Erfüllung von Nachhaltigkeitszielen von weltweit 193 Staaten auf der Basis der 17 UN-Nachhaltigkeitsziele dargestellt. Beschreiben und interpretieren Sie die Aussagen des Schaubildes.

Übung 4.2: Den Beschaffungsvorgang anschaulich beschreiben

Frau Friedrich, die Geschäftsführerin der Bürodesign GmbH, übernimmt einmal im Monat die innerbetriebliche Schulung der Auszubildenden im Unternehmen.

Aktuell möchte sie gemeinsam mit den Nachwuchskräften betriebliche Abläufe im Beschaffungsbereich der Bürodesign GmbH betrachten und untersuchen. Dabei nutzt sie eine grafischen Darstellungsform, die mit „Ereignisgesteuerten Prozessketten“ (EPK) arbeitet. Frau Friedrich ist überzeugt, dass auf diese Art und Weise betriebliche Prozesse (Abläufe) sehr gut veranschaulicht werden können.

Information

Grafische Symbole	Bedeutung	Praxisbeispiel
Ereignis	Das Ereignis bezeichnet einen betrieblichen Vorgang, der eine bzw. mehrere Aktionen auslöst oder das Ergebnis einer oder mehrerer Aktionen darstellt. → **Was ist passiert?**	*Eine Kundenbestellung ist eingetroffen.*
Funktion	Die Funktion bezeichnet eine Aktion (Handlung) ausgelöst durch das Ereignis. → **Wie soll gehandelt werden?**	*Eine Auftragsbestätigung wird erstellt und versendet.*
Organisationseinheit	Die Organisationseinheit gibt an, wer für die Ausführung von Funktionen verantwortlich ist. Dieses Element kann mit Funktionen gekoppelt werden. → **Wer soll etwas machen?**	*Die Abteilung Absatz in der Bürodesign GmbH ist für das Erstellen der Auftragsbestätigungen und deren Versand zuständig.*
Informationsobjekt	Das Informationsobjekt stellt die für die Aktion erforderlichen Datensammlungen oder Dokumente dar. → **Welche Informationen benötigt die Aktion?**	*1. Bestellung* *2. Auftragsbestätigung*
∨	Eine Option schließt die andere nicht aus: → logisches **Oder**	*In der Qualitätskontrolle werden produzierte Bürostühle überprüft. Sie werden zur Auslieferung freigegeben oder bei Mängeln nachgebessert.*
∧	Beide oder mehr Optionen: → logisches **Und**	*Das Material für die Produktion wird angeliefert. Das Material wird überprüft* ***und*** *in die Lagerwirtschaft eingepflegt.*
XOR	Nur eine der Aktionen ist als Handlungsoption möglich: → logisches **Entweder ... oder**	*Eine Liefererrechnung wird geprüft und ist korrekt oder falsch.*

Bedingungen (vereinfacht) für Ereignisgesteuerte Prozessketten (EPK):

1. Der Auslöser ist immer ein sogenanntes Startereignis im Unternehmen, z. B. eine Kundenbestellung.

2. Dieses Ereignis löst Aktivitäten im Unternehmen aus, z. B. Überprüfung der Verfügbarkeit von Material für die Produktion.

3. Die Prozesse schließen mit einem Endereignis ab, z. B. der Auslieferung eines bestellten Produktes.

4. Aktionen und Ereignisse treten abwechselnd auf.

Arbeitsaufträge

a) Eine „Ereignisgesteuerte Prozesskette (EPK)“ zum Beschaffungsprozess liegt in der Bürodesign GmbH für den internen Unterricht vor. Es handelt sich um einen Teilprozess. Es besteht kein Anspruch auf Vollständigkeit.

Folgende Inhalte sind von Ihnen in die Prozesskette nach den vorgestellten Regeln einzutragen. Mehrfacheintragungen sind möglich:

^	Lagerwirtschaft	Angebote liegen vor	v	Anfrage
Material ist mangelfrei	Bestellschein	Material ist geliefert	Material vorrätig	Beschaffung
Kontrolle Materialeingang	XOR	Material auslagern und bereitstellen	Bestellung ist durchgeführt	Produktion/ Lager

b) Diskutieren Sie die Bedeutung von visualisierten Prozessen für Unternehmen im Klassengespräch. Halten Sie Ihre Ergebnisse fest.

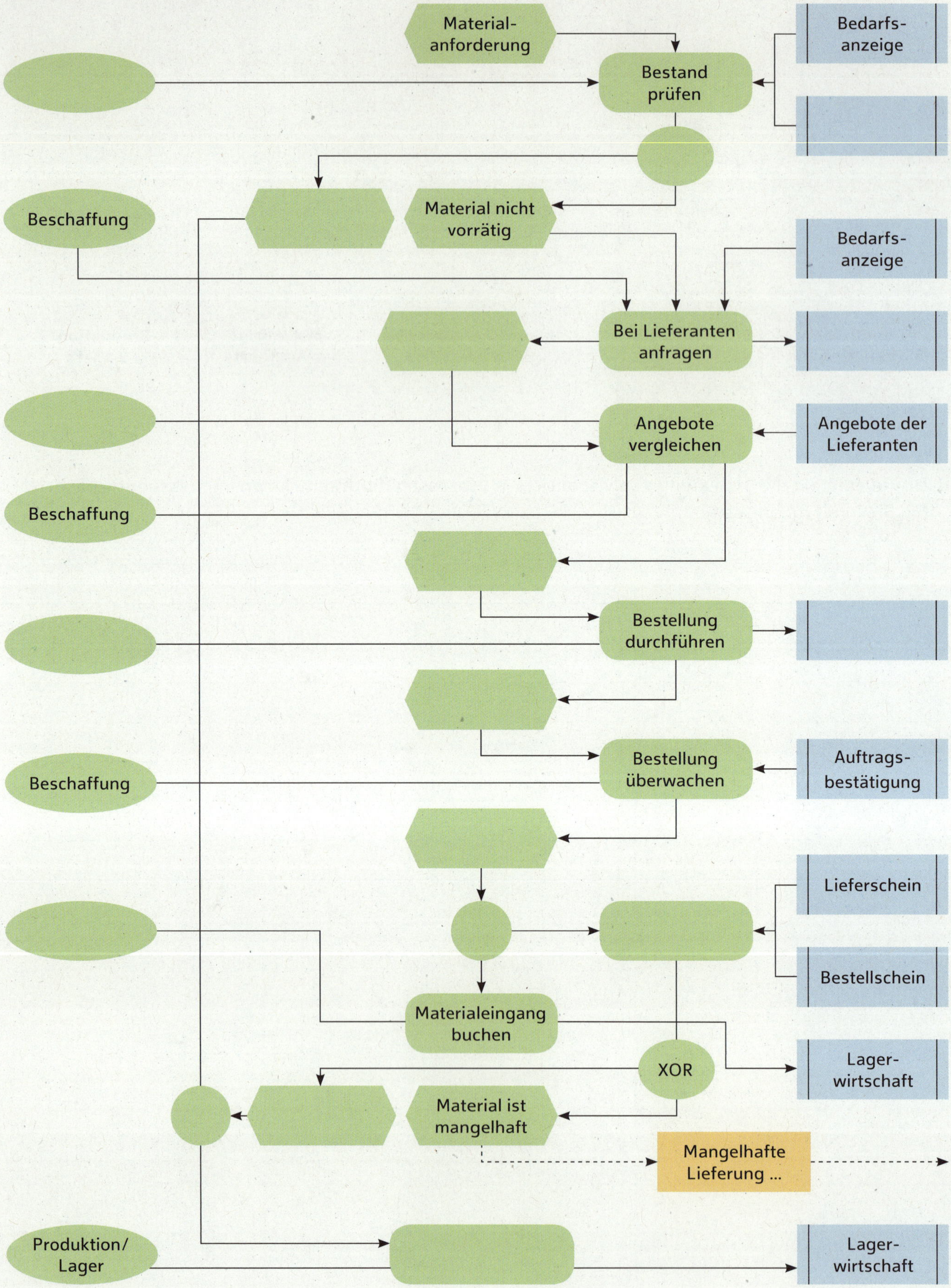
Material-anforderung
Bedarfs-anzeige
Bestand prüfen
Beschaffung
Material nicht vorrätig
Bedarfs-anzeige
Bei Lieferanten anfragen
Angebote vergleichen
Angebote der Lieferanten
Beschaffung
Bestellung durchführen
Beschaffung
Bestellung überwachen
Auftrags-bestätigung
Lieferschein
Bestellschein
Materialeingang buchen
XOR
Lager-wirtschaft
Material ist mangelhaft
Mangelhafte Lieferung ...
Produktion/ Lager
Lager-wirtschaft

Übung 4.3: Bereitstellungsfähigkeit von Materialien mithilfe von Kennziffern prüfen

Der Gruppenleiter Lager, Herr Holtermüller, erläutert der Auszubildenden Silvia Land bei einer Führung durch das Lager, dass es sehr wichtig sei, die Lagervorräte in der Bürodesign GmbH regelmäßig zu kontrollieren:
„Die Lagerkontrolle hat die Aufgabe zu erkennen, ob beispielsweise genügend Materialien für die Produktion oder Überstände vorhanden sind. Zur Auswertung nutzen wir im Lager sogenannte Lagerkennziffern. Damit werde ich mich auch gleich befassen. Heute Nachmittag steht eine Sitzung mit meinem Abteilungsleiter an. Da werden die Kennziffern als Planungsgrundlage für das nächste Geschäftsjahr besprochen werden.“
Gleich nach dem Rundgang mit der Auszubildenden macht sich Herr Holtermüller an die Arbeit.

Berechnen Sie die durchschnittlichen Lagerbestände (DLB) bei Jahres-, Quartals- und Monatsinventur für das Material „Sitzschale“.

Folgende Zahlen liegen vor:

Jahresanfangsbestand				12.450 Stück			
Monatsendbestände (Stück)							
Januar	6.806	April	6.000	Juli	9.408	Oktober	13.703
Februar	5.500	Mai	3.565	August	9.200	November	9.094
März	7.607	Juni	4.700	September	10.412	Dezember	5.100

Durchschnittlicher Lagerbestand (DLB) bei Jahresinventur

Formel:

Durchschnittlicher Lagerbestand (DLB) bei Quartalsinventur

Formel:

Durchschnittlicher Lagerbestand (DLB) bei Monatsinventur

Formel:

Beurteilen Sie, welche der Kennziffern zu den durchschnittlichen Lagerbeständen die höchste Aussagekraft für die Auswertung der Lagerbestände hat.

Im nächsten Schritt macht sich Herr Holtermüller daran, die Lagerbewegungskennzahlen zu ermitteln. Aus dem Lager der Bürodesign GmbH wurden innerhalb des letzten Geschäftsjahres insgesamt 87.615 Stück Sitzschalen für die Produktion von Bürostühlen entnommen. Die Bezugskosten je Stück Sitzschale betragen 13,15 €. Der aktuell angebotene Jahreszins der Deutschen Bank in Köln beträgt 4 %.

1. Erläutern Sie kurz die Bedeutung der folgenden Kennziffern für die Bürodesign GmbH.

2. Nennen Sie die zur Berechnung benötigten Formeln.

3. Berechnen Sie die Kennziffern mithilfe der vorliegenden Zahlen. Verwenden Sie den von Ihnen ermittelten DLB bei Monatsinventur.

Umschlagshäufigkeit (Stück)

Formel:

Durchschnittliche Lagerdauer

Formel:

Lagerzinssatz

Formel:

Lagerzinsen

Formel:

Bei der Auswertung der Kennziffern mit dem Abteilungsleiter wird festgestellt, dass die Kennziffern im Branchenvergleich zu niedrig sind. Man beschließt Maßnahmen zu treffen, die die Umschlagshäufigkeit für die ausgewerteten Materialien erhöhen. Nennen Sie zwei Maßnahmen, um die Umschlagshäufigkeit zu erhöhen.

Erläutern Sie, welche Wirkung die von Ihnen getroffenen Maßnahmen zur Erhöhung der Umschlagshäufigkeit haben.

Lern- und Unterrichtscheck

Reflektieren Sie Ihr Lernen und Arbeiten sowie den zurückliegenden Unterricht nach der 3. und 4. Lernsituation und den folgenden Übungen. Tauschen Sie sich anschließend darüber in Ihrer Klasse aus.

Eigener Lernerfolg	Trifft zu	Trifft überwiegend zu	Trifft überwiegend nicht zu	Trifft nicht zu
1. Mir ist klar geworden, welche Kriterien bei der Auswahl von Lieferanten zu beachten sind.	☐	☐	☐	☐
2. Ich bin in der Lage, mithilfe einer Tabellenkalkulationssoftware einen Angebotsvergleich durchzuführen.	☐	☐	☐	☐
3. Ich schaffe es mithilfe der Nutzwertanalyse, bei ausreichenden Informationen einen geeigneten Lieferanten auszuwählen.	☐	☐	☐	☐
4. Mir gelingt es, die optimale Bestellmenge für ausgewählte Materialien zu bestimmen.	☐	☐	☐	☐
5. Ich kann die ABC-Analyse zur Gruppierung von Lagergütern einsetzen und die Ergebnisse auswerten.	☐	☐	☐	☐
6. Bei der Berechnung von Lagerkennziffern habe ich keine Probleme.	☐	☐	☐	☐
Lern- und Arbeitsprozess	**Trifft zu**	**Trifft überwiegend zu**	**Trifft überwiegend nicht zu**	**Trifft nicht zu**
7. Das EPK-Modell hat mir geholfen einen Überblick über den Beschaffungsprozess zu gewinnen.	☐	☐	☐	☐
8. Ich habe meine Lernzeit in den Lernsituationen und Übungen effektiv genutzt.	☐	☐	☐	☐
9. Mir ist klar, bei welchen Unterrichtsinhalten zum Beschaffungsprozess ich noch Lernbedarf habe.	☐	☐	☐	☐
10. Ich fand das Arbeitsklima in der Klasse gut und man konnte effektiv dabei arbeiten.	☐	☐	☐	☐
Unterricht	**Trifft zu**	**Trifft überwiegend zu**	**Trifft überwiegend nicht zu**	**Trifft nicht zu**
11. Die Lehrkraft hat mir für meine Beiträge zum Unterricht eine positive Rückmeldung gegeben.	☐	☐	☐	☐
12. Unsere Lehrkraft hat dafür gesorgt, dass ein „roter Faden“ in den Unterrichtsschritten deutlich wurde.	☐	☐	☐	☐
13. Diese Punkte sind mir in den letzten Unterrichtsstunden besonders gut gelungen:				

Lernsituation 5: Sie buchen Eingangsrechnungen und Gutschriften

Frau König, die Gruppenleiterin Rechnungswesen, begrüßt Silvia Land und Torsten Menne zum zweiten Ausbildungsabschnitt in der Buchhaltung.
„Frau Land, Herr Menne, ich freue mich, dass Sie wieder bei uns sind! Im letzten Ausbildungsabschnitt haben Sie ja sehr erfolgreich die Grundlagen der Buchführung erlernt und auch schon erste Buchungen vorgenommen. Nun wollen wir darauf aufbauen: Sie werden mit Belegen arbeiten, die im Beschaffungsbereich anfallen. Diese sollen Sie in ihrer Bedeutung verstehen und natürlich auch buchhalterisch erfassen. Teilen Sie sich die Arbeit auf und unterstützen Sie sich gegenseitig!“

Beleg 1

Vereinigte Spanplatten AG

Spanplatten · Umleimer

Tel.: 08 21 34 78 5
Fax: 08 21 34 67 9
E-Mail:
info@vereinigte-spanplatten.de
Internet:
www.vereinigte-spanplatten.de

Vereinigte Spanplatten AG, Ulmer Str. 12, 86154 Augsburg
Bürodesign GmbH
Stolberger Straße 188
50933 Köln

RECHNUNG

Ihre Bestellung	vom	Kunden-Nr.	Rechnungs-Nr.	Rechnungsdatum
020578	20.10.20..	53427	6890	28.10.20..

Pos.	Artikel-Nr.	Artikelbezeichnung	Menge	Einzelpreis €	Gesamtpreis €
1	1806	Tischlerplatten, 1.000 × 750 × 20	200	10,50	2.100,00
2	1810	Tischlerplatten, 1.500 × 2.000 × 20	150	13,50	2.025,00
		– 6 % Mengenrabatt			247,50

Warenwert, netto €	Verpackung €	Fracht €	Entgelt, netto €	19 % USt. €	Bruttoentgelt €
3.877,50	–	120,00	3.997,50	759,53	**4.757,03**

Beleg 2

Start | Posteingang | Adressbuch | Speicher | Logout

Löschen | Spam | Antworten | Weiterleiten | Verschieben

Gutschrift Vollansicht schließen

Von: s_schneider@wollux-findeisen.de
An: k.schorn@buerodesign-online.de Mi. 29.10.20..

Bezug: Ihre Reklamation vom 29.10.20.. zur Rechnung 16382 vom 28.10.20..

Sehr geehrte Frau Schorn,

wie soeben telefonisch besprochen erkennen wir Ihre Reklamation der Webfehler an 8 von 40 Polsterbezügen (Art.-Nr. 45786-S) an und mindern den Kaufpreis um 80 %:

8	Polsterbezüge 45768-S	
	Preisdifferenz pro Bezug 60,00 €	480,00 €
	+ 19 % Umsatzsteuer	91,20 €
	Gutschrift	571,20 €

Ich bedaure nochmals die Nachlässigkeit unserer Qualitätskontrolle und die damit verbundenen Unannehmlichkeiten.

Wir hoffen weiterhin auf eine gute Geschäftsbeziehung.

Mit freundlichen Grüßen
Sybille Schneider

Wollux GmbH
Polstermaterial und Möbelzubehör

Sofortantwort hier schreiben ... | Sofort antworten

Analyse des Einstiegsszenarios

Erläutern Sie die Geschäftsfälle, die diesen Belegen zugrunde liegen.

Beleg 1	Beleg 2

Beschreiben Sie die Auswirkungen auf die Verbindlichkeiten a. LL. der Bürodesign GmbH, die durch die Belege bewirkt werden:

Die Bürodesign GmbH hat aufgrund von Beleg 1 eine Verbindlichkeit in Höhe von insgesamt

____________ €. Beleg 2 bewirkt, dass sich die Verbindlichkeiten der Bürodesign GmbH insgesamt

um ____________ € verringern.

Bevor Sie sich an die Buchung der beiden Belege begeben, beachten Sie die folgende Information:

> Die Umsatzsteuer auf Eingangsbelegen heißt für den Rechnungsempfänger **Vorsteuer**. Sie stellt eine Forderung gegenüber dem Finanzamt dar und wird auf dem **aktiven Bestandskonto „2600 Vorsteuer“** erfasst.

Planen

Klären Sie untereinander, wer von Ihnen die Buchung zu Beleg 1 und wer die Buchung zu Beleg 2 erarbeitet. (Hinweis: Die Buchung zu Beleg 2 ist etwas schwieriger.)

Legen Sie gemeinsam fest, wie Sie vorgehen wollen: Welche Hilfsmittel (z. B. Kontenrahmen, Lehrbuch, Internetrecherche) wollen Sie benutzen? Wie viel Zeit wollen Sie sich für die Einzelarbeit einräumen, bevor Sie sich gegenseitig Ihre (Zwischen-)Ergebnisse vorstellen?

Unsere Absprache:

____

____

____

Durchführen

a) Einzelarbeit: Buchen Sie die beiden Belege im Grund- und Hauptbuch. (Tipp: Arbeiten Sie mit Bleistift.)

Beleg 1

Grundbuch

Beleg	Datum	Soll		Haben	
		Konto	€	Konto	€

Hauptbuch

S	6000 Aufwendungen für Rohstoffe	H

S	2600 Vorsteuer	H

S	6001 Bezugskosten	H

S	4400 Verb. a. LL.	H

Beleg 2

Die der Gutschrift zugrunde liegende Eingangsrechnung ist bereits in Grund- und Hauptbuch gebucht. Stellen Sie zunächst den Rechenweg zur Ermittlung des Gesamtpreises (netto), der USt. und des Rechnungsbetrages dar.

Berechnung des Einzelpreises für einen Polsterbezug

Berechnung des Gesamtpreises

Berechnung der Umsatzsteuer (hier: Vorsteuer)

Berechnung des Rechnungsbetrages

Buchen Sie die Gutschrift.

Grundbuch

Beleg	Datum	Soll		Haben	
		Konto	€	Konto	€
ER 16382	28.10.20..	6000 Aufw. f. Rohst.	3 000,00		
		2600 Vorsteuer	570,00	4400 Verb. a. LL.	3.570,00

Hauptbuch

S	6000 Aufwendungen für Rohstoffe		H
4400	3.000,00		

S	2600 Vorsteuer		H
4400	570,00		

S	6002 Nachlässe		H

S	4400 Verb. a. LL.		H
		6000, 2600	3.570,00

b) Wenn Sie fertig sind, stellen Sie zunächst sicher, dass Ihre Ergebnisse korrekt sind und bereiten sich mit den folgenden Hilfsfragen auf Ihre Erläuterungen vor.

Beleg 1	Beleg 2
Warum werden Sofortrabatte buchhalterisch nicht erfasst?	Warum lösen Gutschriften/Nachlässe eine Korrektur- oder Stornobuchung aus?
Warum werden Bezugskosten auf einem gesonderten Konto gebucht?	Warum werden Nachlässe auf einem gesonderten Konto gebucht?

c) Erklären Sie sich gegenseitig die Buchungen. Übertragen Sie **anschließend** die jeweils fehlenden Ergebnisse in Ihr Arbeitsheft.

Bewerten

Geben Sie sich gegenseitig ein konstruktives Feedback zu Ihren Erläuterungen und vergewissern Sie sich, ob Sie bis hierhin alles verstanden haben.

Lernergebnisse sichern und vertiefen

Errechnen Sie zu den folgenden Geschäftsfällen eines Herstellers von Arbeitsbekleidung die fehlenden Werte und nehmen Sie die Buchungen im Grundbuch vor.

ER 178 vom 17.04.20..: Zieleinkauf von Stoffen, netto	40.000,00	
– Messerabatt 6 %		
+ 19 % Umsatzsteuer		

Beleg	Datum	Soll		Haben	
		Konto	€	Konto	€

ER 182, BA 65 vom 20.04.20..:
Kauf von Nähgarn per Banküberweisung, netto 9.000,00 €

– Mengenrabatt 4 %

+ Fracht 110,00

+ 19 % Umsatzsteuer

Beleg	Datum	Soll		Haben	
		Konto	€	Konto	€

Brief des Stofflieferers vom 20.04.20.. zur ER 178: Gutschrift f. Mängelrüge (netto) 2.000,00 €

+ 19 % Umsatzsteuer

Beleg	Datum	Soll		Haben	
		Konto	€	Konto	€

Brief des Garnlieferers vom 31.12.20.. zur ER 182: Bonus für Jahresumsatz (netto) 1.000,00 €

+ 19 % Umsatzsteuer

Beleg	Datum	Soll		Haben	
		Konto	€	Konto	€

d) Bezugskosten (Anschaffungsnebenkosten) und nachträgliche Preisnachlässe (Anschaffungskostenminderungen) werden beim Jahresabschluss über das entsprechende Materialaufwandskonto (z. B. 6000 Rohstoffe) abgeschlossen.

Bilden Sie die entsprechenden Buchungssätze und vervollständigen Sie die Merksätze:

da) zum Abschluss des Kontos 6001 Bezugskosten auf das Konto 6000 Aufwendungen f. Rohstoffe:

Buchungssatz: ______________________________

Merksatz: Bezugskosten ____________ die Aufwendungen für Rohstoffe

db) zum Abschluss des Kontos 6002 Nachlässe auf das Konto 6000 Aufwendungen f. Rohstoffe:

Buchungssatz: ______________________________

Merksatz: Nachlässe ____________ die Aufwendungen für Rohstoffe

In der Einstiegssituation haben Sie eine Gutschrift (Beleg 2) wegen einer mangelhaften Lieferung vorgefunden und gebucht. Stellen Sie nun in Grund- und Hauptbuch dar, wie gebucht werden müsste, wenn die beanstandeten Polsterbezüge aufgrund von starken Mängeln zurückgesandt worden wären. Begründen Sie Ihre Buchung.

Grundbuch

Beleg	Datum	Soll		Haben	
		Konto	€	Konto	€
ER 16382	28.10.20..	6000 Aufw. f. Rohstoffe	3.000,00		
		2600 Vorsteuer	570,00	4400 Verb. a. LL.	3.570,00
____ ____	____	____ ____	____	____ ____	____
		____	____	____ ____	____

Hauptbuch

S	6000 Aufwendungen für Rohstoffe		H
4400	3.000,00		

S	2600 Vorsteuer		H
4400	570,00		

S	4400 Verb. a. LL.		H
		6000, 2600	3.570,00

Begründung der Buchung:

____

____

____

____

____

____

____

Übung 5.1: So geht das mit der Umsatzsteuer

Vervollständigen Sie den Sachtext zur Umsatzsteuer, indem Sie die aufgeführten Begriffe in die Textlücken einsetzen. Schauen Sie sich anschließend in Ihrer Klasse um, wer mit diesem Arbeitsschritt fertig ist, und finden Sie sich zu Paaren zusammen. Erklären Sie sich in eigenen Worten den Inhalt des Sachtextes (ohne in den Text zu schauen).

Herstellung – 19 % – Bemessungsgrundlage – Stufe – Endverbraucher – 7 % – Einzelhandel – Zahllast – Umsatzsteuersatzes – USt. – Umsatzsteuergesetz – keine – Bruttopreisen – gesondert – Rohstoffgewinnung – Vorsteuer – Wertschöpfungsprozesses – 250,00 € – Finanzamt – Aufwand – Verbindlichkeit – Umsatzsteuervoranmeldung – Mehrwert

Viele der zum Verkauf angebotenen Waren legen meist einen langen Weg zurück: Von der ______________ über den Betrieb der __________, die Weiterverarbeitung sowie den Groß- und ___________ bis zum Endverbraucher. Auf jeder _____ dieses Warenwegs wird „mehr Wert" geschaffen. Dieser _______ ergibt sich aus der Wertschöpfung, welche die eingekauften Vorleistungen übersteigt. Die so geschaffenen Mehrwerte einer jeden Stufe des __________________ werden vom Staat mit der Umsatzsteuer (Abkürzung ___) besteuert, deren Grundlage das ________________ (UStG) ist. Die Umsatzsteuer ist in den ___________ enthalten. Die Nettobeträge der Lieferungen oder sonstigen Leistungen beinhalten _____ Umsatzsteuer und sind die _______________ für die Errechnung des Mehrwertsteuerbetrages. In seinen Rechnungen muss jedes Unternehmen die Umsatzsteuer _________ ausweisen. Ausnahme: Kleinbetragsrechnungen bis ______. Hier reicht die Angabe des _______________. Der allgemeine Umsatzsteuersatz beträgt ___, der ermäßigte, z. B. für Lebensmittel und Bücher, __. Die in den Eingangsrechnungen ausgewiesene Umsatzsteuer nennt man ________. Sie ist eine Forderung an das ________. Die in den Ausgangsrechnungen ausgewiesene Umsatzsteuer ist eine ______________ gegenüber dem Finanzamt. Die Umsatzsteuerschuld (________) ist mit einer ____________________ für den laufenden Monat bis zum 10. des Folgemonats an das Finanzamt abzuführen. Für das Unternehmen ist die Umsatzsteuer kein ______, sondern ein sogenannter „durchlaufender Posten". Sie ist erfolgsneutral. Nur der ___________ als Käufer tätigt keinen Verkaufsumsatz mehr und ist vom Gesetzgeber letztendlich als Träger der Umsatzsteuer bestimmt.

Übung 5.2: Stufen des Wertschöpfungsprozesses mit Vorsteuerabzug

Vervollständigen Sie die folgende Tabelle und berechnen Sie die Zahllast der jeweiligen Umsatzstufen, die ein Fernseher vom Rohstofflieferant bis zum Endverbraucher durchläuft.

Wirtschaftsstufen	Ausgangsrechnung in €		Mehrwert in €	Umsatzsteuer in €	Vorsteuer in €	Zahllast in €
I. Rohstofflieferant (Holz)	Nettowarenwert	200,00	200,00	________	________	________
	+ 19 % USt.					
	Rechnungspreis					
II. Hersteller des Möbelstückes	Nettowarenwert	440,00	________	________	________	________
	+ 19 % USt.					
	Rechnungspreis					
III. Möbelgroßhandel	Nettowarenwert	610,00	________	________	________	________
	+ 19 % USt.					
	Rechnungspreis					
IV. Einzelhandel	Nettowarenwert		________	________	________	________
	+ 19 % USt.					
	Rechnungspreis	999,01				
V. Endverbraucher	-------------------		Summe 839,50	-------------	--------→	Summe 159,51

Übung 5.3: Umsatzsteuer ermitteln, abführen und buchen

1. Vervollständigen Sie die vorliegenden Rechnungen in den farbig unterlegten Bereichen.

Vereinigte Spanplatten AG

Spanplatten · Umleimer

Vereinigte Spanplatten AG, Ulmer Str. 12, 86154 Augsburg
Bürodesign GmbH
Stolberger Straße 188
50933 Köln

Tel.: 08 21 34 785
Fax: 08 21 34 679
E-Mail:
info@vereinigte-spanplatten.de
Internet:
www.vereinigte-spanplatten.de

RECHNUNG

Ihre Bestellung	vom	Kunden-Nr.	Rechnungs-Nr.	Rechnungsdatum
	06.03.20..	53427	1520	10.03.20..

Pos.	Artikel-Nr.	Artikelbezeichnung	Menge	Einzelpreis €	Gesamtpreis €
1	56211	Edelholzplatte 160 × 80 × 4	100	44,50	______
2	45921	Pressspanplatten 200 × 85	200	15,40	______
3	56217	Tischplatten 160 × 80 × 3	100	38,20	______
				Zwischensumme	______
				– 12 % Rabatt	______
					______
				+ 19 % Umsatzsteuer	______
				Gesamtbetrag	______

Zahlungsziel: 30 Tage netto

BÜRODESIGN GMBH
Ein ökologisch orientiertes Unternehmen mit Zukunft

Bürodesign GmbH • Stolberger Straße 188 • 50933 Köln
Martina Kobe
Eupener Str. 24
50933 Köln

Telefon: 0221 688-3550
Telefax: 0221 668-357
E-Mail: kontakt@buerodesign-online.de
Internet: www.buerodesign-online.de

Rechnung

Ihr Auftrag vom: 03.03.20..

Kunden-Nr. D45002
Rechnungs-Nr. 36900
Rechnungstag 13.03.20..
Bei Zahlung bitte angeben

Artikel-Nr.	Artikelbezeichnung	Menge	Einzelpreis €	Rabatt	Gesamtpreis in € (brutto)
444/1	Bürostuhl Primus	100	55,20	15 %	______
523/2	Rollcontainer Primus	80	52,50	20 %	______
640/1	Büroschrankwand	20	445,00	15 %	______

In diesem Beitrag sind 19% Umsatzsteuer = ______ € enthalten.

Zahlbar innerhalb von 30 Tagen netto

2. Vervollständigen Sie die folgende Darstellung. Berücksichtigen Sie, dass die Vereinigte Spanplatten AG für den Auftrag der Bürodesign GmbH bereits 980,00 € Vorsteuer an ihren Lieferanten entrichtet hat.

Vereinigte Spanplatten AG
Spanplatten · Umleimer

Vereinigte Spanplatten AG, Ulmer Str. 12, 86154 Augsburg
Bürodesign GmbH
Stolberger Straße 188
50933 Köln

Tel.: 08 21 34 78 5
Fax: 08 21 34 67 9
E-Mail: info@vereinigte-spanplatten.de
Internet: www.vereinigte-spanplatten.de

RECHNUNG

Ihre Bestellung vom	Kunden-Nr.	Rechnungs-Nr.	Rechnungsdatum
06.03.20..	53427	1520	10.03.20..

Pos.	Artikel-Nr.	Artikelbezeichnung	Menge	Einzelpreis €	Gesamtpreis €
1	56211	Edelholzplatte 160 × 80 × 4	100	44,50	______
2	45921	Pressspanplatten 200 × 85	200	15,40	______
3	56217	Tischplatten 160 × 80 × 3	100	38,20	______
				Zwischensumme	______
				– 12 % Rabatt	______
					______
				+ 19 % Umsatzsteuer	______
				Gesamtbetrag	______

Zahlungsziel: 30 Tage netto

ER: Vereinigte Spanplatten AG
netto ______
+ 19 % USt. ______
Rechnungsbetrag: ______

AR: Büromöbel GmbH Europa
netto ______
+ 19 % USt. ______
Rechnungsbetrag: ______

BÜRODESIGN GMBH
Ein ökologisch orientiertes Unternehmen mit Zukunft

Bürodesign GmbH · Stolberger Straße 188 · 50933 Köln
Martina Kobe
Eupener Str. 24
50933 Köln

Telefon: 0221 688-3550
Telefax: 0221 668-357
E-Mail: kontakt@buerodesign-online.de
Internet: www.buerodesign-online.de

Rechnung

Ihr Auftrag vom: 03.03.20..

Kunde-Nr. D45002
Rechnungs-Nr. 36900
Rechnungstag 13.03.20..
Bei Zahlung bitte angeben

Artikel-Nr.	Artikelbezeichnung	Menge	Einzelpreis €	Rabatt	Gesamtpreis in € (brutto)
444/1	Bürostuhl Primus	100	55,20	15 %	______
523/2	Rollcontainer Primus	80	52,50	20 %	______
640/1	Büroschrankwand	20	445,00	15 %	______
					______

In diesem Beitrag sind 19% Umsatzsteuer = ______ € enthalten.

Zahlbar innerhalb von 30 Tagen netto

Zahllast der Vereinigte Spanplatten AG an das Finanzamt:
USt.: ______
– VSt.: ______
= Zahllast: ______

→ ______

← ______

Zahllast der Bürodesign GmbH an das Finanzamt:
USt.: ______
– VSt.: ______
= Zahllast: ______

3. Buchen Sie die Eingangs- und Ausgangsrechnung auf ausgewählten Konten im Grund- und Hauptbuch und ermitteln Sie die Zahllast.

Vorkontierung

Vereinigte Spanplatten AG

Spanplatten · Umleimer

Vereinigte Spanplatten AG, Ulmer Str. 12, 86154 Augsburg
Bürodesign GmbH
Stolberger Straße 188
50933 Köln

Tel.: 08 21 34 78 5
Fax: 08 21 34 67 9
E-Mail: info@vereinigte-spanplatten.de
Internet: www.vereinigte-spanplatten.de

RECHNUNG

Ihre Bestellung vom	Kunden-Nr.	Rechnungs-Nr.	Rechnungsdatum
06.03.20..	53427	1520	10.03.20..

Pos.	Artikel-Nr.	Artikelbezeichnung	Menge	Einzelpreis €	Gesamtpreis €
1	56211	Edelholzplatte 160 × 80 × 4	100	44,50	______
2	45921	Pressspanplatten 200 × 85	200	15,40	______
3	56217	Tischplatten 160 × 80 × 3	100	38,20	______
				Zwischensumme	______
				– 12 % Rabatt	______
					______
				+ 19 % Umsatzsteuer	______
				Gesamtbetrag	______

Zahlungsziel: 30 Tage netto

Belegnummer
ER 332

Konto	Soll	Haben
______	______	______
______	______	______
______	______	______

gebucht: ______

BÜRODESIGN GMBH
Ein ökologisch orientiertes Unternehmen mit Zukunft

Bürodesign GmbH • Stolberger Straße 188 • 50933 Köln
Martina Kobe
Eupener Str. 24
50933 Köln

Telefon: 0221 688-3550
Telefax: 0221 668-357
E-Mail: kontakt@buerodesign-online.de
Internet: www.buerodesign-online.de

Rechnung

Ihr Auftrag vom: 03.03.20..

Kunden-Nr. D45002
Rechnungs-Nr. 36900
Rechnungstag 13.03.20..
Bei Zahlung bitte angeben

Artikel-Nr.	Artikelbezeichnung	Menge	Einzelpreis €	Rabatt	Gesamtpreis in € (brutto)
444/1	Bürostuhl Primus	100	55,20	15 %	______
523/2	Rollcontainer Primus	80	52,50	20 %	______
640/1	Büroschrankwand	20	445,00	15 %	______

In diesem Beitrag sind 19% Umsatzsteuer = ______ € enthalten.

Zahlbar innerhalb von 30 Tagen netto

Belegnummer
AR 198

Konto	Soll	Haben
______	______	______
______	______	______
______	______	______

gebucht: ______

Erfassung im Grundbuch

Bürodesign GmbH

Grundbuch — **Seite 199**

Lfd. Nr.	Buchungs-datum	Beleg	Buchungssatz	Soll in €	Haben in €
1	______	ER 332	______	______	
			______	______	
			an ______		______
2	______	AR 198	______	______	
			______	______	
			an ______		______

Bürodesign GmbH					
Grundbuch					Seite 199
Lfd. Nr.	Buchungs-datum	Beleg	Buchungssatz	Soll in €	Haben in €
Abschlussbuchungen auf den ausgewählten Konten					
3	______	–	______ an ______	______	 ______
4	______	–	______ an ______	______	 ______
5	______	–	______ an ______	______	 ______
6	______	–	______ an ______	______	 ______

Im Hauptbuch auf ausgewählten Konten buchen und die Zahllast ermitteln

S	6000 Auf. f. Rohstoffe H

S	5000 Umsatzerlöse f. eig. Erz. H

S	2600 VSt. H

S	4800 USt. H

S	2400 Forderungen a. LL. H

S	4400 Verb. a. LL. H

S	8020 GuV H

S	2800 Bank H

Lernsituation 6: Sie berechnen und buchen Liefererskonti

Frau König kommt mit einer Hausmitteilung und einer Rechnung zu Silvia Land.

Frau König: *„Guten Morgen Frau Land! Hier habe ich eine Hausmitteilung der Geschäftsleitung, von der auch Sie in Kenntnis gesetzt werden sollten. Zudem müssen Sie bitte die Eingangsrechnung der Bürodesign GmbH buchen."*

Hausmitteilung

BÜRODESIGN GMBH

Ein ökologisch orientiertes Unternehmen mit Zukunft

An: Frau Kluge – Finanzbuchhaltung
Von: Geschäftsleitung
Datum: 25.03.20..

Sehr geehrte Frau Kluge,

wir weisen Sie noch einmal darauf hin, dass ab sofort alle Rechnungen unter Berücksichtigung von Skontoabzug zu begleichen sind.

Für den Ausgleich der ER Nr. 399 der Abels, Wirtz & Co. KG, hat uns unsere Hausbank einen kurzfristigen Kredit zu einem Zinssatz von 9,5 % eingeräumt, sodass auch diese Rechnung fristgerecht überwiesen werden kann.

Mit freundlichen Grüßen

Klaus Stein

Ables, Wirtz & Co. KG

Abels, Wirtz & Co. KG, Industriestr. 124, 42653 Solingen
Bürodesign GmbH
Stolberger Straße 188
50933 Köln

Tel.: 0212 72114
Fax: 0212 72119
E-Mail: info@abels-wirtz.de
Internet: www.abels-wirtz.de

RECHNUNG		
Bei Zahlung/Rücksendung/Gutschrift unbedingt angeben		
Kunden-Nr.	**Rechnungs-Nr.**	**Datum**
928454	489	22.03.20..

Pos.	Artikel-Nr.	Artikelbezeichnung	Menge	Einzelpreis €	Gesamtpreis €
1	100201	Schloss Primo	1.000	9,65	9.650,00
2	100301	Scharnier Classic	1.000	10,90	10.900,00
3	100303	Beschläge Admiral	1.000	5,85	5.850,00

Warenwert netto	Messerabatt 5 % €	Fracht (€)	Zwischensumme netto	19 % USt. €	Gesamtbetrag €
26.400,00	1.320,00	640,00	25.720,00	4.886,80	**30.606,80**

Zahlbar innerhalb von 30 Tagen netto Kasse

Bank Stadtsparkasse Solingen
IBAN DE80342500000123452234 BIC SDE33XXX

Steuernummer: 128/1120/1987 **USt-IdNr.:** DE184655343

Silvia liest die Hausmitteilung und die Rechnung und stutzt.

Silvia: *„Macht das denn Sinn? Warum sollen wir das denn nun wieder machen? Wir zahlen 9,5 % Zinsen, bei einem Skontoabzug von 3 %? Außerdem, Fracht und Skonto habe ich noch nie gebucht."*

Frau König (lächelnd): *„Da geh ich mal von aus, dass sich das Ganze lohnt. Wenn Sie nachrechnen, dann wird Ihnen sehr schnell klar, warum alle Rechnungen unter Berücksichtigung des Skontoabzugs zu begleichen sind. Und das Buchen der Eingangsrechnung werden Sie bestimmt auch schaffen – in Ihrem Schulbuch ist das eigentlich ganz gut erklärt."*

Ein wenig schmollend macht sich Silvia Land an die Arbeit.

Analyse des Einstiegsszenarios

Überprüfen Sie die Aussage von Frau Kluge und zeigen Sie, dass sich die Berücksichtigung des Skontos in der vorliegenden Situation für die Bürodesign GmbH lohnt.

Zusätzliche Informationen: $\text{Tageszinsen} = \frac{\text{Kapital} \cdot \text{Zinssatz} \cdot \text{Tage}}{100 \cdot 360}$

$$\text{Zinssatz} = \frac{\text{Skontobetrag} \cdot 100 \cdot 360}{\text{verminderter Betrag} \cdot \text{Kreditdauer}}$$

Berechnen Sie den effektiven Zinssatz des Liefererkredits.

Planen

Informieren Sie sich in Einzelarbeit in Ihrem Schulbuch oder im Internet, wie der Skontoabzug in der Buchführung erfasst wird, und verfassen Sie eine kurze schriftliche Buchungsanweisung.

Durchführen

Buchen Sie die Eingangsrechnung im Grundbuch
- zum Zeitpunkt des Eingangs und
- zum Zeitpunkt des Rechnungsausgleichs, unter Berücksichtigung des Skontos.

Vorkontierung

Ables, Wirtz & Co. KG

Abels, Wirtz & Co. KG, Industriestr. 124, 42653 Solingen
Bürodesign GmbH
Stolberger Straße 188
50933 Köln

Tel.: 0212 72114
Fax: 0212 72119
E-Mail: info@abels-wirtz.de
Internet: www.abels-wirtz.de

RECHNUNG
Bei Zahlung/Rücksendung/Gutschrift unbedingt angeben

Kunden-Nr.	Rechnungs-Nr.	Datum
928454	489	22.03.20..

Pos.	Artikel-Nr.	Artikelbezeichnung	Menge	Einzelpreis €	Gesamtpreis €
1	100201	Schloss Primo	1.000	9,65	9.650,00
2	100301	Scharnier Classic	1.000	10,90	10.900,00
3	100303	Beschläge Admiral	1.000	5,85	5.850,00

Warenwert netto	Messerabatt 5 % €	Fracht (€)	Zwischensumme netto	19 % USt. €	Gesamtbetrag €
26.400,00	1.320,00	640,00	25.720,00	4.886,80	**30.606,80**

Zahlbar innerhalb von 30 Tagen netto Kasse

Bank Stadtsparkasse Solingen
IBAN DE80342500000123452234 BIC SDE33XXX

Steuernummer: 128/1120/1987 **USt-IdNr.:** DE184655343

Belegnummer

Konto	Soll	Haben

Grundbuch					Seite 211
Lfd. Nr.	Buchungsdatum	Beleg	Buchungssatz	Soll in €	Haben in €
320		ER 399			
388					

Überprüfen und bewerten

Vergleichen Sie Ihre Ergebnisse zunächst mit Ihrer Sitznachbarin/Ihrem Sitznachbarn, bevor Sie die Ergebnisse in der Klasse besprechen.

Lernergebnisse sichern und vertiefen

Als Silvia Land die Hausmitteilung las, war ein erster Kommentar von ihr: *„Macht das denn Sinn? Warum sollen wir das denn nun wieder machen?"*
Ergänzen/verändern Sie die von Herrn Stein verfasste Hausmitteilung, indem Sie von Beginn an für Transparenz bezüglich der Arbeitsanweisung sorgen und den Mitarbeiterinnen und Mitarbeitern der Finanzbuchführung erklären, warum für alle Rechnungen Skonto zu ziehen ist.

Hausmitteilung

BÜRODESIGN GMBH
Ein ökologisch orientiertes Unternehmen mit Zukunft

An: Frau König – Finanzbuchhaltung
Von: Geschäftsleitung

Datum: 25.04.20..

Sehr geehrte Kolleginnen und Kollegen der Finanzbuchhaltung,

Für den Ausgleich der ER Nr. 399 der Abels, Wirtz & Co. KG hat uns unsere Hausbank einen kurzfristigen Kredit zu einem Zinssatz von 9,5 % eingeräumt, sodass auch diese Rechnung fristgerecht überwiesen werden kann.

Mit freundlichen Grüßen,

Klaus Stein

Leistungserstellung

Lernsituation 1: Sie entwerfen und vergleichen Produktkonzepte und beschreiben zweckmäßige Verfahren der Produktdokumentation

Die Abteilungsleiter der Bürodesign GmbH, Herr Kaya (Beschaffung), Herr Müller (Produktion) sowie Herr Stam (Absatz) und Frau Jäger (Verwaltung), versammeln sich zu einer abteilungsübergreifenden Teamsitzung. Auslöser hierfür ist eine Anfrage der Büromöbel GmbH Europa in Bremen zu Schreibtischen, die auch von Menschen mit Behinderungen gut genutzt werden können. Der Kunde vermutet, dass zukünftig die Nachfrage an diesen Tischen steigen werde. Die Auszubildende Silvia Land nimmt ebenfalls teil und soll für die künftige Arbeit in den Abteilungen die wichtigsten Inhalte festhalten.

Herr Stam: *„Unser Außendienstmitarbeiter Herr Dohm wurde von der Büromöbel GmbH Europa gefragt, ob wir in einer unserer Produktgruppen Schreibtische anbieten können, die auch für Menschen mit unterschiedlichen körperlichen Behinderungen variabel verwendbar sind."*

Herr Müller: *„Variabel kann ja vieles bedeuten. Gibt es konkrete Vorstellungen?"*

Herr Stam: *„Die Tische sollen sowohl von Menschen mit Behinderungen als auch von Menschen ohne Behinderungen genutzt werden können.*
Höhenverstellbare Tische haben wir ja schon im Angebot. Zusätzlich ist für einige körperlich Behinderte eine kippbare Tischplatte hilfreich, weil sie aufgrund eines versteiften Rückens oft nur im Stehen arbeiten können. Ferner können Bewegungen in der oberen Halswirbelsäule eingeschränkt sein. Auch der Einsatz von PC und Laptop soll erleichtert werden, sodass Strom- und Netzwerkanschlüsse integriert werden sollten. Nicht vergessen dürfen wir, dass Rollstuhlfahrer bequem an ihren Arbeitsplätzen sitzen können."

Frau Jaeger: *„Ich denke, ein solcher Tisch würde unsere Produktpalette bereichern. In der Presse liest man ja auch immer wieder davon, dass behinderte und nicht behinderte Menschen zusammen lernen und arbeiten sollen. Stichwort Inklusion. Der Tisch könnte also zukünftig vor allem in Schulen stärker gefragt sein."*

Herr Stam: *„Gut, dann sollten wir eine Arbeitsgruppe bilden, die sich mit möglichen Produktideen befasst und die Machbarkeit beurteilt. Frau Land, haben Sie alles notiert?"*

Analyse des Einstiegsszenarios

Sie werden beauftragt, Ideen für einen neuen behindertengerechten Tisch zu entwickeln. Beschreiben Sie, welche Funktionen und Merkmale Ihrer Meinung nach ein Tisch erfüllen muss, um den beschriebenen Anforderungen zu entsprechen. Halten Sie Ihre Ergebnisse fest.

____

____

____

____

Bilden Sie mit einem weiteren Schülerpaar eine Gruppe und besprechen Sie Ihre Ideen für die Ausstattung des Tisches. Einigen Sie sich auf fünf wichtige Merkmale, die den Tisch auszeichnen sollen. Halten Sie Ihre Ergebnisse auf Karteikarten fest.

Präsentieren Sie im Anschluss Ihre Ideen der Klasse.

Planen und durchführen

Die Ideenbewertung innerhalb der Arbeitsgruppe hat ergeben, dass innerhalb der Produktgruppe „Arbeiten am Schreibtisch" der Tisch „Stardesign flex" eingeführt werden soll.
In einem **Lastenheft** dokumentiert die Projektgruppe die aus den Kundenwünschen abgeleiteten Merkmale als Soll-Vorgaben.

Neben den Kundenanforderungen beinhaltet das Lastenheft eine Einschätzung der wirtschaftlichen Realisierbarkeit neuer Produkte. Überlegen Sie, welche wirtschaftlichen Voraussetzungen eine neue Produktidee erfüllen muss, um realisierbar zu sein.

Überprüfen Sie den Stardesign flex auf seine wirtschaftliche Realisierbarkeit anhand der unten aufgeführten Merkmale. Beschreiben Sie zunächst die Merkmale und wenden Sie diese dann für das neue Produkt an. Erweitern Sie die Tabelle mit Merkmalen aus Ihren eigenen Überlegungen.

Merkmal	Beschreibung	Produktrealisierung
Marktfähigkeit		
Marktpotenzial		
Marktbeständigkeit		
Kaufhemmnisse		

Überlegen Sie, wie Sie Ihre Einschätzung der Marktdaten mithilfe konkreter Zahlen festigen bzw. belegen können.

Bewerten

Geben Sie eine begründete Einschätzung ab, ob die Bürodesign GmbH ihre Produktpalette um den neuen Schreibtisch erweitern sollte. Gehen Sie dabei sowohl auf Chancen als auch auf Risiken ein.

Beurteilen Sie, wie die Einführung eines behindertengerechten Schreibtisches die Außenwirkung der Bürodesign GmbH beeinflussen könnte.

Vertiefen und Lernergebnisse sichern

Fassen Sie zusammen, in welche Phasen die Entwicklung neuer Produktideen eingeteilt werden kann. Vervollständigen Sie hierfür die nachstehende Übersicht.

1.	→	2.
Beispiele: ● Brainstorming		Beispiele: ● Nutzwertanalyse

Übung 1.1: Das Pflichtenheft in der Produktionskonstruktion

Der neue Schreibtisch Stardesign flex soll in die Produktpalette aufgenommen werden. Von der Geschäftsleitung wird eine Arbeitsgruppe beauftragt, welche die weiteren Schritte für die Produkteinführung planen soll. Hierfür ist ein Pflichtenheft, das ein Ist-Profil für den Tisch dokumentiert, erforderlich.

Erstellen Sie ein Pflichtenheft für die Produktion des neuen Schreibtisches. Berücksichtigen Sie in Ihrem **Pflichtenheft** mindestens die folgenden Punkte und begründen Sie Ihre Ausführungen.

- **Zielgruppen für das Produkt =**

- **Qualität des Produktes =**

- **Wahl des Herstellverfahrens =**

- **Wahl des Konstruktionsaufbaus =**

- **Bauweise =**

- **Nutzung vorhandener Anlagen für die Produktion =**

- **Ökologische Anforderungen =**

Übung 1.2: Darstellungsweisen der Erzeugnisplanung

Der höhenverstellbare Schreibtisch Stardesign flex soll als Serie in Reihenfertigung produziert werden. Die Mengenübersichtsstückliste enthält für die Fertigung des Tisches folgende Angaben:

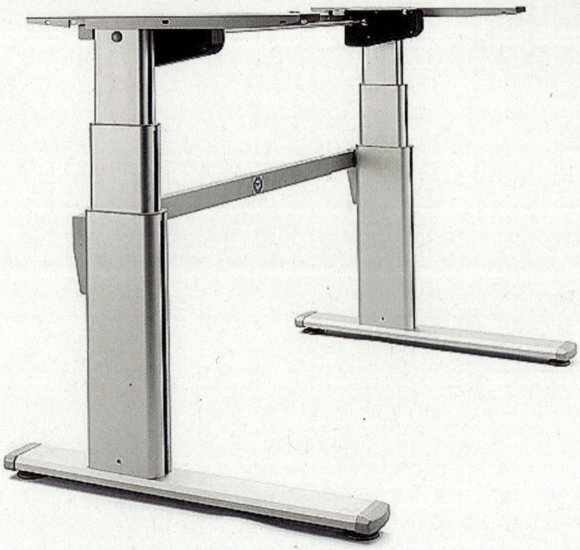

Mengenübersichtsstückliste für den Stardesign flex

Artikel-Nr.	Menge	Bezeichnung	Maße in mm	Einzelpreis in €
B01	1	Tischplatte	27 × 800 × 1.000	54,00
B05	2	Tischbeine, höhenverstellbar	630–1.280 × 60 × 160	80,00
B06	1	Verbindungsschiene	100 × 50 × 760	10,00
K03	1	Kabelkanal mit Steckdose	90 × 150 × 740	24,00
H75	4	Schrauben Verbindungsschiene	1,6 × 30	0,05
H34	4	Schrauben Tischplatte	1,6 × 20	0,03
H20	4	Schrauben Kabelkanal	1,6 × 15	0,02
W50	2	Befestigungswinkel	65 × 155	0,15

Grenzen Sie die aufgeführte Mengenübersichtsstückliste von der Strukturstückliste ab. An welchen Positionen der oben aufgeführten Mengenübersichtsstückliste gäbe es Änderungen?

Die einzelnen Baugruppen sowie Bauteile zur Herstellung des Schreibtisches Stardesign flex sind schon montagebereit auf dem Lager vorhanden. Es soll nun überlegt werden, welche Arbeitsschritte für die Endmontage abzuarbeiten sind.

Die **Endmontage** des Tisches setzt sich aus folgenden Arbeitsschritten zusammen:

- Montage von Tischbeinen mit der Verbindungsschiene (Untergestell) 2,4 min
- Montage Tischplatte mit Untergestell 2,1 min
- Montage von Kabelkanal mit Tischplatte 4,8 min
- Rüstzeit pro Arbeitsschritt 2,0 min

Erstellen Sie einen Arbeitsplan für die Endmontage des Schreibtisches, indem Sie die nachstehende Tabelle vervollständigen.

Arbeitsplan Nr.: 600-20.0335.8 (Endmontage Stardesign flex) frühester Produktionsbeginn: 15.05.20.. Losgröße: 120 Stück					
Kostenstelle	Arbeitsfolge	Arbeitsgang	Arbeitsplatz	Zeitvorgabe	
				tr	te
312	1	______ ______	Montage	______	2,4
312	2	______ ______	Montage	______	4,8
312	3	______ ______	Montage	______	2,1
312	4	______ ______	Prüfplatz	1	2,0
800	5	Abliefern an Zwischenlager			

tr = Rüstzeit te = Zeit je Einheit in Normalminuten

Begründen Sie, ob für die Dokumentation der Endmontage anstatt eines Arbeitsplans eine Arbeitsanweisung sinnvoll wäre.

______

______

______

______

Finden Sie drei konkrete Beispiele aus dem betrieblichen und/oder privaten Bereich, für die eine Arbeitsanweisung sinnvoll ist.

______

______

Übung 1.3: Verfahren der Produkterprobung

Nach Abschluss der Produktplanung ist Herr Stam von dem neuen Tisch überzeugt und möchte diesen in die Produktpalette der Bürodesign GmbH aufnehmen. Vor Markteinführung muss der neue Tisch auf Herstellungsreife geprüft werden.

Entscheiden Sie, welches Verfahren der Produkterprobung sich für den Stardesign flex anbietet.

Überlegen Sie Möglichkeiten einer konkreten Erprobung des Tisches. Welche Konstruktionsfehler können durch eine Erprobung festgestellt werden? Beachten Sie dabei das im Vorfeld festgelegte Anforderungsprofil an den Tisch.

Lernsituation 2: Sie bewerten fertigungstechnische Rahmenbedingungen in unterschiedlichen Situationen und beurteilen alternative Fertigungsverfahren

Herr Müller, der für die Produktion bei der Bürodesign GmbH zuständig ist, übte bei der letzten Abteilungsleiterbesprechung erhebliche Kritik an dem aktuellen Fertigungsprogramm. Nach seiner Ansicht ist das derzeitige Programm zu breit und zu tief. Gleichzeitig müsse der Anteil der konkreten Kundenaufträge zugunsten von Lageraufträgen reduziert werden, weil die Kundenaufträge nur 20 % des Umsatzes ausmachen, jedoch 80 % des Arbeitsaufwands der Fertigung verursachen.

Herr Stam, Leiter des Absatzes, gibt zu bedenken, dass für ein erfolgreiches Unternehmen nicht nur eine Kostenreduzierung im Vordergrund stehen sollte. Er sieht eher Vorteile in einer breiten Angebotspalette. Als Beispiel führt er den gerade neu geplanten Tisch Stardesign flex an, der vor allem auch von Menschen mit Behinderungen genutzt werden kann und daher viele Marktchancen bietet.

Analyse des Eingangsszenarios

Erläutern Sie, was Herr Müller mit den Begriffen Fertigungsprogramm, Fertigungsprogrammbreite sowie Fertigungsprogrammtiefe meint.

_____

_____

_____

_____

_____

Erklären Sie, warum Herr Müller für eine Reduzierung der auftragsbezogenen Fertigung plädiert.

_____

_____

_____

_____

_____

_____

_____

_____

Neben einer Entscheidung über die Zusammensetzung des Fertigungsprogramms in Bezug auf lagerbezogene bzw. auftragsbezogene Produkte gibt es weitere fertigungstechnische Rahmenbedingungen.

Informieren Sie sich über die weiteren fertigungstechnischen Rahmenbedingungen. Vervollständigen Sie hierfür die nachstehende *thematische Landkarte*. Bereiten Sie sich auf eine Präsentation Ihrer Ergebnisse vor.

Fertigungsprogramm

Produktion auf Lager:

- geeignet für undifferenzierte Produkte
- keine kurzfristige Produktänderung
- konstante Fertigung, auch bei Auftragslücken
- Verringerung der Herstellkosten
- notwendig für Saisonartikel

Auftragsbezogene Fertigung:

- geeignet für teure und kundenspezifische Aufträge
- Fertigungsmenge wird sicher abgesetzt
- Auftragsmenge variiert stark, daher schwankende Kapazitätsauslastung

Allgemeine Einflussgrößen auf das Fertigungsprogramm

Fertigungsprogrammbreite

Fertigungsprogrammtiefe

Stellen Sie die Sichtweisen einschließlich der Argumentation von Herrn Müller und Herrn Stam in Bezug auf die auftragsbezogene Fertigung der Bürodesign GmbH gegenüber. Finden Sie für beide Seiten weitere Argumente.

Herr Müller

Das Fertigungsprogramm soll ...

weil ...

Herr Stam

Das Fertigungsprogramm soll ...

weil ...

Überlegen Sie, welche Möglichkeiten es in Unternehmen gibt, die Sichtweisen von Herrn Müller und Herrn Stam in Bezug auf die Wirtschaftlichkeit und das Marktpotenzial verschiedener Produkte zu belegen.

Planen und durchführen

Die Marktetingabteilung unterstützt die Sichtweise von Herrn Stam, indem sie auf das hohe Marktpotenzial des Stardesign flex verweist.
Die Zahlen der Kostenrechnung bestätigen aber auch die Aussage von Herrn Müller, dass eine auftragsbezogene Fertigung einen hohen Zeit- und Kostenanteil hat, der Anteil am Umsatz jedoch gering ist.
In einer Abteilungsleiterbesprechung wird daher beschlossen, die Kosten für die geplante Fertigung des Tisches genauer zu untersuchen.

Unter der Voraussetzung, dass alle Teile des Tisches in Eigenproduktion hergestellt werden, ergeben sich folgende Kosten:

Unabhängig von der Produktionsmenge belaufen sich die Fixkosten für die Produktion des Stardesign flex auf monatlich 12.000,00 €. Wenn 600 Tische produziert würden, läge eine Auslastung der Mitarbeiter- und Maschinenkapazität von 100 % vor. Die variablen Stückkosten liegen bei 150,00 €. Die Marktforschung hat ergeben, dass der Tisch für 400,00 € verkauft werden kann.

Als Vergleich liegen die Zahlen für den Stapler vor. Aufgrund einer etwa gleich bleibenden Nachfrage wird der klappbare Stapelstuhl laufend mit konstanter Kapazitätsauslastung von 80 % produziert. Bei dieser Auslastung werden pro Monat 4.000 Stapler hergestellt. Die variablen Stückkosten betragen 10,00 €. Die Fixkosten betragen insgesamt 36.000,00 €. Die Lagerkosten haben einen Anteil von 30 % an den Fixkosten. Verkauft wird der Stuhl für 55,00 €.

Stellen Sie zunächst die Produktionskosten des Tisches bei voller Kapazitätsauslastung dar. Vergleichen Sie dann die Kosten und den Umsatz bzw. den Gewinn mit der Staplerproduktion.

Stardesign flex	**Stapler**

Stellen Sie die Produktionskosten für den Stardesign flex bei unterschiedlicher Kapazitätsauslastung dar, indem Sie die nachstehende Tabelle vervollständigen.

Kapazitätsauslastung	Stückzahl	Fixkosten je Stück in €	Variable Kosten je Stück in €	Gesamte Kosten je Stück in €
100 %				
75 %				
50 %				
25 %				

Interpretieren Sie die gegenübergestellten Zahlen im Hinblick auf die Zusammensetzung der Kosten. Beachten Sie dabei, wie sich eine Veränderung der Ausbringungsmenge auswirkt.

Diskutieren Sie mit Ihrer Tischnachbarin/Ihrem Tischnachbarn, an welchen Stellen der fertigungstechnischen Rahmenbedingungen Änderungen vorgenommen werden können, um die Wirtschaftlichkeit des Stardesign flex zu erhöhen.

Verfassen Sie eine Empfehlung für die Geschäftsleitung, die Ihre Diskussionsergebnisse erläutert. Dabei sollten Sie wenigstens Empfehlungen zur Produktionsmenge, zur Fertigungsprogrammbreite sowie zur Fertigungstiefe formulieren.

Bewerten

Tragen Sie einige Empfehlungen an die Geschäftsleitung in der Klasse vor. Prüfen Sie die Empfehlungen im Hinblick auf Ihre Argumentation. Ergänzen Sie ggf. Ihre eigenen Ergebnisse.

Vertiefen und Lernergebnisse sichern

Stellen Sie die Vor- und Nachteile einer Fremdfertigung von Bauteilen oder ganzer Produkte heraus.

Vorteile	Nachteile

Finden Sie Beispiele für Unternehmen, die Produktionsbereiche teilweise oder ganz auslagern. Stellen Sie unterschiedliche Motive einer Auslagerung heraus.

Übung 2.1: Kapazität planen

Eine Maschine kann maximal 60 Stück in der Stunde fertigen. Zurzeit werden 45 Stück durchschnittlich in der Stunde produziert, wobei die Maschine 320 Stunden im Monat läuft. Monatlich fallen Fixkosten in Höhe von 12.000,00 € an. Pro Stück fallen für Materialverbrauch 8,50 € und für Fertigungslöhne 1,30 € an. Die Erlöse pro Stück liegen bei 12,90 €.

Berechnen Sie den Beschäftigungsgrad, die variablen Kosten, die Gesamtkosten (pro Stück) und den Gesamterlös einer Monatsproduktion.

Inwiefern ändern sich die Gesamtkosten pro Stück, wenn der Beschäftigungsgrad bei 90 % liegt? Wie sind mögliche Änderungen zu erklären?

Diskutieren Sie, ob sich ein Zusatzauftrag von einer beliebigen Menge im Rahmen der Maximalkapazität auch lohnen könnte, wenn der Erlös pro Stück für die zusätzliche Menge etwas geringer wäre.

Übung 2.2: Fertigungsverfahren nach der Anordnung der Betriebsmittel

Je nach Anordnung der Betriebsmittel werden Fertigungsverfahren unterschieden. Vervollständigen Sie die nachstehende Übersicht.

Fertigungsverfahren

	Verrichtungsprinzip	Flussprinzip		
Anordnung der Betriebsmittel:	______	______	______	______
Produktionsverfahren:	Erzeugnisse durchlaufen mehrere Werkstätten.	Kombination aus Fließ- und Werkstättenfertigung	Betriebsmittel sind dem Fertigungsablauf entprechend angeordnet.	Werkstücke werden auf Fließbändern von Arbeitsplatz zu Arbeitsplatz transportiert.
Vorteile:	______	______	______	______
Nachteile:	______	______	______	______

Übung 2.3: Werkstätten- und Reihenfertigung vergleichen

Beschreiben Sie, nach welchen Gesichtspunkten jeweils die Anordnung der Betriebsmittel bei Werkstättenfertigung und bei Reihenfertigung erfolgt.

Erläutern Sie, warum es bei Werkstättenfertigung zwischen den einzelnen Arbeitsgängen zu Wartezeiten kommen kann. Warum ist diese Fertigungsart eher für kleinere Stückzahlen geeignet?

Beurteilen Sie die Möglichkeiten der Überwachung und der Kontrolle von Arbeitsabläufen bei Fertigungen nach dem Verrichtungsprinzip und bei Fertigungen nach dem Flussprinzip.

Übung 2.4: Die optimale Losgröße beurteilen

Erläutern Sie den Zusammenhang von Rüstkosten, Lagerkosten und optimaler Losgröße.

Lernsituation 3: Sie vergleichen grundlegende Verfahren der Qualitätskontrolle und Qualitätssicherung

Die Bürodesign GmbH hat ihre Produktpalette um den Schreibtisch „Stardesign flex" erweitert. Der Schreibtisch soll sowohl von Menschen mit Behinderungen als auch von Menschen ohne Behinderungen genutzt werden können. Zusammen mit dem Erstkunden, der Büromöbel GmbH Europa, wurden in einem Lastenheft folgende Soll-Vorgaben dokumentiert:

- Lackierung mit ökologischer Farbe
- höhenverstellbarer Tisch
- kippbare Schreibtischplatte
- Stromanschlüsse für PC/Laptop und
- leichtes, aber robustes Material für den Stahlrahmen

Bereits nach einigen Wochen der Nutzung wiesen jedoch einige Schreibtische erhebliche Verschleißerscheinungen auf. Bei einigen Schreibtischen begann die Lackierung abzublättern und es zerbrach sogar der Stahlrahmen. Die Geschäftsführung der Büromöbel GmbH Europa ist sehr verärgert und droht der Bürodesign GmbH entsprechende Konsequenzen an.

Unverzüglich berufen der Abteilungsleiter Produktion Herr Müller und der Geschäftsführer Herr Stein ein gemeinsames Treffen ein.

Herr Müller: *„Die Büromöbel GmbH Europa ist aufgrund der fehlenden Qualität einiger Schreibtische sehr verärgert und droht uns mit Konsequenzen. Damit so etwas nicht noch einmal passiert, müssen wir mögliche Fehlerquellen ermitteln und abstellen. Gerade in der Anfangszeit müssen wir die Schreibtische nach der Produktion noch besser kontrollieren. Das erhöht zwar erheblich unsere Prüfkosten, aber eine Alternative sehe ich nicht."*

Herr Stein: *„Ich kann Ihnen da nur zum Teil zustimmen. Sicher ist eine nachträgliche, nach der Produktion stattfindende Qualitätskontrolle wichtig. Qualität muss jedoch nicht nur nachträglich festgestellt, sondern ‚proaktiv' von vornherein gewährleistet sein. Es gilt im Rahmen der Qualitätssicherung im Vorfeld Fehler zu vermeiden. Je größer der Aufwand ist, der für die vorherige Qualitätssicherung und nachträgliche Qualitätskontrolle eingesetzt wird, umso geringer sind voraussichtlich die Fehlerfolgekosten bzw. die Möglichkeit, dass ein fehlerhaftes Produkt unseren Betrieb verlässt."*

Herr Müller: *„Da gebe ich Ihnen vollkommen recht."*

Herr Stein: *„Halten wir unsere Ergebnisse fest: Es gilt nun, die Büromöbel GmbH Europa zufrieden zu stellen, damit wir sie nicht als Kunden verlieren. Des Weiteren müssen wir mögliche Fehlerquellen bei der Produktion des Schreibtisches ‚Stardesign flex' ermitteln und einen Katalog möglicher Maßnahmen der vorherigen proaktiven Qualitätssicherung sowie nachträglichen Qualitätskontrolle erstellen."*

Analyse der Einstiegsszenarios

Beschreiben Sie die Situation, in der sich die Bürodesign GmbH im Zusammenhang mit der Büromöbel GmbH Europa befindet.

____

____

____

____

Legen Sie mögliche Konsequenzen dar, die sich für die Bürodesign GmbH als Folge mangelnder Qualität ihrer Produkte ergeben können.

Beschreiben Sie, welche Arbeitsaufträge sich für die Bürodesign GmbH aus der geschilderten Situation ergeben.

Planen und durchführen

Vor Beginn der Produktion des Schreibtisches „Stardesign flex“ wurden alle Anforderungen, welche der neue Schreibtisch erfüllen sollte, in einem Lastenheft als Soll-Profil dokumentiert. Vergleichen Sie, ob die in dem Lastenheft aufgeführten Soll-Werte bei den produzierten Schreibtischen erfüllt worden sind.

Lastenheft (Soll-Profil)	Ist-Zustand
Lackierung mit ökologischer Farbe	

Lastenheft (Soll-Profil)	Ist-Zustand

Wie eingangs von Herrn Müller gefordert, gilt es, nach möglichen Fehlerquellen zu suchen. Suchen Sie mögliche Fehlerquellen bei der Produktion des Schreibtisches „Stardesign flex“ und machen Sie dies an einem Beispiel deutlich.

Mögliche Fehlerquellen für das Abblättern der Lackierung und dem Bruch des Stahlrahmens:

- verwendetes Material

Das Ziel der Qualitätssicherung besteht vornehmlich darin, Fehlerquellen so früh wie möglich zu erkennen. Erstellen Sie mithilfe der folgenden Tabelle einen Katalog von Maßnahmen, die der Qualitätssicherung dienen.

Fehlerquellen	Maßnahmen zur Qualitätssicherung
Material	
Mitarbeiter	

Fehlerquellen	Maßnahmen zur Qualitätssicherung
Mitarbeiter	
Maschinen	
Verfahren	

Beschreiben Sie, wovon die eingangs von Herrn Müller angesprochenen Prüfkosten im Rahmen der Qualitätskontrolle bei dem Schreibtisch „Stardesign flex“ abhängen.

Prüfumfang	

Unterbreiten Sie der Büromöbel GmbH Europa einen Vorschlag, um sie als Kunden nicht zu verlieren.

Bewerten und reflektieren

Tauschen Sie sich mit einem anderen Paar aus und vergleichen Sie Ihre bisherigen Arbeitsergebnisse. Ergänzen Sie ggf. fehlende Punkte in Ihren bisherigen Arbeitsergebnissen. Danach präsentieren exemplarisch zwei Teams der Klasse ihre Arbeitsergebnisse. Ergänzen Sie ggf. fehlende Punkte in Ihren Unterlagen.

Als Beobachter machen Sie sich nach jeder Präsentation zunächst einige Notizen. Mit diesen Notizen wird es Ihnen leichtfallen, Ihren Mitschülerinnen und Mitschülern ein konstruktives Feedback zu geben.

Vertiefen und Lernergebnisse sichern

Nutzen Sie Ihre bisherigen Arbeitsergebnisse und beschreiben Sie, was Sie unter Qualität eines Produkts verstehen.

Beschreiben Sie die von Herrn Stein erwähnte Wechselwirkung, die zwischen vorheriger Qualitätssicherung sowie nachträglicher Qualitätskontrolle und den Fehlerfolgekosten besteht.

Qualitätszeichen in Form von Wort und Bildzeichen werden von verschiedenen Unternehmen als Garantie für eine bestimmte Mindestqualität verwendet. Die Qualitätszeihen werden vom Staat, von unterschiedlichen Verbänden und Organisationen (z. B. TÜV SÜD, Dekra, VDE, RAL, usw.) nach fachlich festgelegten Prüfkriterien vergeben. Beschreiben Sie die folgenden Qualitätszeichen.

1	2	3	4

Nr.	Beschreibung
1	
2	
3	
4	

Übung 3.1: Allgemeine Kennziffern für wirtschaftliches Handeln aufzeigen und anwenden

1. Sie sind während Ihres Praktikums bei der Bürodesign GmbH gerade in der Gruppe Rechnungswesen bei der Gruppenleiterin Frau König eingesetzt, als Sie zufällig das Gespräch von Frau König und dem Geschäftsführer Herrn Stein mitbekommen:
   Herr Stein: *„Unsere Produktivität ist gesunken! Das ist eine Katastrophe!“*
   Frau König: *„Keine Panik! Unsere Wirtschaftlichkeit ist dafür gestiegen!“*
   Haben beide sich geirrt oder ergeben die beiden Aussagen doch einen Sinn? Frau König legt Ihnen die folgenden Zahlen vor und bittet Sie, die Produktivität und die Wirtschaftlichkeit noch einmal zu errechnen.

Stelle	Vorjahr	Abrechnungsjahr
Rohstoffverbrauch (Holz)	50.000 m	60.000 m
Produzierte Schränke	5.000 Stück	5.400 Stück
Rohstoffpreis je m	8,00 €	6,00 €
Verkaufspreis je Schrank	90,00 €	90,00 €

a) Ermitteln Sie für beide Jahre die Produktivität und die Wirtschaftlichkeit.

Produktivität (Material):

Wirtschaftlichkeit:

b) Beurteilen Sie die ermittelten Kennzahlen.

2. Die Gruppenleiterin Rechnungswesen der Bürodesign GmbH, Frau König, legt Ihnen die Bilanz und die GuV-Rechnung des Vorjahres und des laufenden Abrechnungsjahres vor mit der Bitte, zum einen die Aussagekraft der Rentabilitätskennzahlen im Allgemeinen zu beschreiben und zum anderen die Rentabilitätskennziffern für die letzten beiden Jahre zu ermitteln sowie auszuwerten.

Aussagekraft der Rentabilitätskennzahlen (im Allgemeinen):

Eigenkapitalrentabilität:

Gesamtkapitalrentabilität:

Umsatzrentabilität:

Ermittlung der Rentabilitätskennzahlen der letzten beiden Jahre der Bürodesign GmbH:

Kennzahl	Formel	Abrechnungsjahr	Vorjahr
Eigenkapital-rentabilität			
Gesamtkapital-rentabilität			
Umsatzrentabilität			

Aufwendungen — **Gewinn und Verlust der Bürodesign GmbH** — **Erträge**

	Abrechnungs-jahr	Vorjahr		Abrechnungs-jahr	Vorjahr
Zinsaufwendungen	14.000,00	16.000,00	Mieterträge	121.000,00	100.000,00
Wareneingang	2.030.000,00	2.020.000,00	Zinserträge	15.000,00	13.000,00
Löhne & Gehälter	1.070.000,00	612.000,00	Umsatzerlöse	3.491.500,00	3.000.000,00
Leasing	61.500,00	40.000,00			
Energie/Brennstoffe	92.000,00	100.000,00			
Instandhaltung	72.000,00	55.000,00			
Bürobedarf	42.000,00	50.000,00			
Jahresüberschuss/-fehlbetrag	246.000,00	220.000,00			
	3.627.500,00	3.113.000,00		3.627.500,00	3.113.000,00

Aktiva		Bilanz der Bürodesign GmbH			Passiva
	Abrechnungsjahr	Vorjahr		Abrechnungsjahr	Vorjahr
A. Anlagevermögen			**A. Eigenkapital**		
I. Sachanlagen			I. gezeichnetes Kapital	600.000,00	550.000,00
1. Grundstücke	500.000,00	500.000,00	II Gewinnrücklage	140.000,00	100.000,00
2. technische Anlagen	457.500,00	350.000,00	III. Jahresüberschuss	246.000,00	220.000,00
			B. Rückstellungen	177.500,00	160.000,00
B. Umlaufvermögen			**C. Verbindlichkeiten a. LL.**	338.000,00	350.000,00
I. Vorräte					
1. Roh-, Hilfs- und Betriebsstoffe	285.000,00	240.000,00			
II. Forderungen und sonst. Vermögensgegenstände					
1. Forderungen a. LL.	120.000,00	170.000,00			
2. sonst. Vermögensgegenstände	23.000,00	40.000,00			
III. flüssige Mittel					
1. flüssige Mittel	36.000,00	30.000,00			
2. Bank	80.000,00	50.000,00			
	1.501.500,00	1.380.000,00		1.501.500,00	1.380.000,00

Sehr geehrte/-r Auszubildende/-r,

Bitte beachten Sie bei der Durchführung der Bilanzanalyse, dass
- *das Eigenkapital zu Beginn des Vorjahres 950.000,00 € betrug,*
- *das Gesamtkapital zu Beginn des Vorjahres 1.450.000,00 € betrug.*

Vielen Dank im Voraus. Ich erwarte Ihre Ergebnisse in unserem Meeting!

Mit freundlichem Gruß

König

Auswertung der Rentabilitätskennzahlen der letzten beiden Jahre der Bürodesign GmbH:

Übung 3.2: Supply-Chain-Management

Erläutern Sie die Wertschöpfungskette am Beispiel des Schreibtisches „Stardesign flex“ aus dem Produktprogramm der Bürodesign GmbH. Ermitteln Sie alle Stufen von der Urproduktion an, die erforderlich sind, bis der Schreibtisch „Stardesign flex“ von einem Endverbraucher gekauft werden kann.

Beschreiben Sie, was unter Supply-Chain-Management (Wertschöpfungskettenmanagement) verstanden wird.

Beschreiben Sie, welche Herausforderungen die Mitglieder der Wertschöpfungskette zu meistern haben, um ihr gemeinsames Ziel zu erreichen.

Lern- und Unterrichtscheck

Reflektieren Sie Ihr Lernen und Arbeiten sowie den zurückliegenden Unterricht und tauschen Sie sich anschließend darüber in Ihrer Klasse aus.

Eigener Lernerfolg	Trifft zu	Trifft nicht zu
1. Ich kann grundlegende Verfahren der Qualitätskontrolle und Qualitätssicherung vergleichen.	☐	☐
2. Allgemeine Kennziffern für wirtschaftliches Handeln kann ich aufzeigen und anwenden.	☐	☐
3. Ich kenne Wege zur kontinuierlichen Verbesserung von Leistungsprozessen.	☐	☐
Lern- und Arbeitsprozess	**Trifft zu**	**Trifft nicht zu**
1. Wir waren uns in den Partnerarbeitsphasen darüber im Klaren, was wir erreichen wollten.	☐	☐
2. Mit der Qualität unseres Arbeitsergebnisses bin ich zufrieden.	☐	☐
3. Meine Arbeitsunterlagen sind sauber geführt und lückenlos dokumentiert.	☐	☐
Unterricht	**Trifft zu**	**Trifft nicht zu**
1. Die Bearbeitungszeit im Unterricht habe ich gut genutzt.	☐	☐
2. Mein/-e Lehrer/-in hat mich angemessen unterstützt und betreut.	☐	☐

Absatz

Lernsituation 1: Sie erkennen die Notwendigkeit von Informationen über Märkte und Kunden und werten Informationsquellen aus

Konferenz der Geschäftsführung mit den Abteilungsleitungen. Es geht um die mittel- und langfristige Marketingplanung. Frau Friedrich leitet ein: *„Die Bürodesign GmbH ist bestrebt, sich ständig an den veränderten Kundenansprüchen zu orientieren. Im Büromöbelmarkt sind wir derzeit mit folgenden Produktgruppen (Teilmärkte) vertreten:*

Arbeiten am Schreibtisch	Konferenz, Besprechung, Schulung	Warten und Empfang
Schreibtische, Arbeitsstühle und -sessel mit Rollen, Aktenschränke, Regale	Kombinationstische, Besprechungstische, Stühle ohne Rollen, Stapelstühle, Funktionstische	Möbel für Empfangs- und Warteräume, Stühle, Sessel, Ablagetische, Sitzgruppen, Empfangstheken

Fraglich ist, ob wir an dieser Strategie weiterhin festhalten, denn derzeit scheint es so, dass wir unsere mittelfristigen Umsatz- und Gewinnziele nicht erreichen werden.“ Der Abteilungsleiter der Produktion, Herr Müller, ist folgender Ansicht: *„Wir sollten uns auf einen einzigen Teilmarkt, nämlich ‚Arbeiten am Schreibtisch‘, beschränken, dann könnten wir kostengünstiger produzieren.“* Der Abteilungsleiter Absatz, Herr Stam, sieht das ganz anders: *„Wir sollten noch weitere Teilmärkte erschließen, z. B. Schulmöbel. Kürzlich war ich auf der Bildungsmesse ‚didacta‘. Ich kann Ihnen sagen, da ist der Markt noch in Bewegung; da gibt es erhebliche Umsatzchancen.“ „Aber die Schülerzahlen gehen doch zurück“*, wendet Herr Müller ein. Frau Friedrich unterbricht die Diskussion: *„Herr Müller, Herr Stam, das bringt uns so nicht weiter. Der Vorschlag von Herrn Stam ist sicher bedenkenswert. Wir sollten uns aber in diesem Punkt vertagen und in der Zwischenzeit Marktforschung betreiben. Denn solche Entscheidungen kann man nur auf der Grundlage von abgesicherten Informationen treffen. Frau Freund soll aus Marketingperspektive eine Empfehlung für oder gegen eine Markterschließung bei Schulmöbeln verfassen. Die Auszubildenden in der Abteilung werden sie dabei unterstützen.“*

Analyse des Einstiegsszenarios

a) Beschreiben Sie die Problemstellung, die sich für die Bürodesign GmbH stellt. Erläutern Sie, welcher Auftrag durch die Geschäftsführung erteilt wird.

b) Diskutieren Sie kurz Ihren ersten Eindruck, ob der Markt für Schulmöbel für die Bürodesign GmbH interessant sein könnte. Was würden Sie als Erstes machen, um Ihre Meinung zu überprüfen? Halten Sie Ihre Ergebnisse fest.

c) Frau Friedrich regt an, dass zunächst einmal Marktforschung betrieben werden sollte. Beschreiben Sie Ziele und Aufgaben der Marktforschung.

Planen

a) Sammeln Sie Möglichkeiten, wie man an relevante Informationen für die Entscheidung „Erschließung des Teilmarktes Schulmöbel" kommen kann. Ordnen Sie Ihre Ideen in die folgende Tabelle ein.

Zielgerichtet neue Informationen einholen (= Primärerhebung)	
Informationen nutzen, die schon vorhanden sind (= Sekundärerhebung)	
aus internen Quellen	aus externen Quellen

b) Frau Freund legt der Auszubildenden Silvia Land einen Auszug aus dem computergestützten Informationssystem der Bürodesign GmbH zur Produktgruppe Konferenz, Besprechung, Schulung vor:

BÜRODESIGN GMBH

Ein ökologisch orientiertes Unternehmen mit Zukunft

Umsatzentwicklung in der Produktgruppe Konferenz, Besprechung, Schulung

	A	B	C	D	E	F
3	**Produkt**	**Aktuelles Jahr**	**Vorjahr**	**Abweichung zum Vorjahr**	**Branchenwert**	
4	Kombinationstische	34.000,00 €	32.400,00 €	5 %	12 %	
5	Besprechungstische	27.000,00 €	28.100,00 €	– 4 %	8 %	
6	Funktionstische	45.600,00 €	39.600,00 €	15 %	16 %	
7	Stühle ohne Rollen	243.500,00 €	208.600,00 €	17 %	15 %	
8	Stapelstühle	124.600,00 €	118.700,00 €	5 %	5 %	
9	Gesamt	474.700,00 €	427.400,00 €	11 %	12 %	

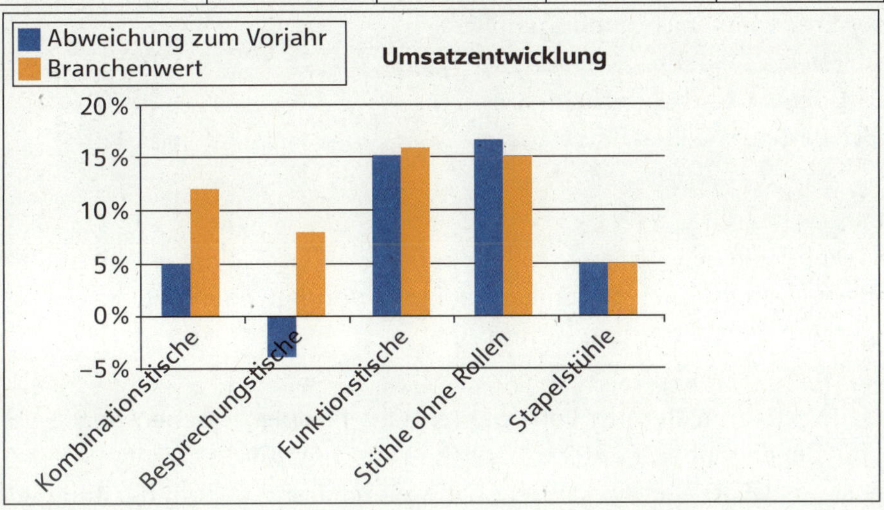

Stapler

Stardesign

ba) Halten Sie die zentralen Informationen fest, die Sie aus der Übersicht entnehmen.

bb) Erläutern Sie den Nutzen dieser Informationen für die Fragestellung, ob eine Erschließung des Teilmarktes „Schulmöbel“ Erfolg versprechend sein könnte.

c) Frau Freund legt der Auszubildenden Silvia Land die nachfolgende Pressemitteilung vor:

Presseinformation

Lohmar, 17. Februar 20..

Markt für innovative Schulmöbel weiter im Aufwind

Ersatzbedarf und neue Unterrichtskonzepte beflügeln die Nachfrage

20.. war ein geradezu aufregendes Jahr für die deutsche Schulmöbelindustrie, die gegenüber dem Vorjahr um insgesamt 15,8 % zulegen konnte und damit ein Umsatzvolumen von 1,13 Milliarden € erreichte. Die Schulausstattungen sind vielerorts erneuerungsbedürftig, da sie den heute üblichen Standards z. B. hinsichtlich der Ergonomie nicht mehr genügen. Ein weiterer Auslöser zahlreicher Investitionen sind die veränderten Anforderungen in Schule und Unterricht. Gefragt sind daher vor allem hochwertige, flexibel einsetzbare Möbel.

Presseinformation

BiMob Verband Mobiliar für Bildungseinrichtungen e. V.

Landsberger Weg 18
53797 Lohmar

Pressesprecherin:
Sabine Funke

www.bimob.de
presse@bimob.de

Die höchsten Umsatzzuwächse entfielen im vergangenen Jahr auf ergonomisch sinnvolle Sitzmöbel, die nicht nur statisches, sondern vielmehr auch dynamisches Sitzen und Bewegung zulassen. Das kommt der Konzentration und damit dem Lernerfolg zugute.

Zudem gab es hohe Umsatzzuwächse im Bereich von leichten und flexiblen Tischen sowie von Raumgliederungselementen, mit denen mühelos unterschiedliche Lern- und Arbeitsformen, wie z. B. Gruppenarbeiten oder Sitzkreise, realisiert werden können. Ein weiterer Trend geht in Richtung von akustisch wirksamen Möbeln, die auf der Wunschliste vieler Schulen ganz oben stehen.

Allen Entwicklungen gemeinsam ist der zunehmende Einsatz von leichten Materialien und insbesondere speziellen Kunststoffen, die in Gewicht und Funktionalität Metallen und Holz oftmals überlegen sind.

Der Wettbewerb auf diesem Teilmarkt ist nach wie vor sehr dynamisch. Etliche kleine und mittlere Hersteller scheiterten im letzten Jahr an dem enormen Preisdruck. So erzielten vor allem die großen Anbieter noch weitere Umsatzzuwächse, da diese aufgrund der hohen Stückzahlen zu Preisen anbieten können, die für Städte und Gemeinden noch bezahlbar sind. Dennoch gibt es immer wieder Chancen für pfiffige Ideen, die das Lernen und Arbeiten in Schulen und anderen Bildungseinrichtungen unterstützen.

ca) Halten Sie die zentralen Aussagen der Pressemitteilung fest.

cb) Erläutern Sie, ob die Aussagen der Pressemitteilung aus der Sicht der Bürodesign GmbH für oder gegen eine Erschließung des Teilmarktes „Schulmöbel“ sprechen.

d) Suchen Sie im Internet nach Anbietern bzw. potenziellen Konkurrenten der Bürodesign GmbH auf dem Markt für Schulmöbel. Halten Sie Ihren ersten Eindruck von der Internetpräsenz der Hersteller fest.

Informationsquelle im Internet	Erster subjektiver Eindruck

Durchführen

Sichten Sie nochmals die Ergebnisse Ihrer bisherigen Marktforschung (Umsatzstatistik, Pressemitteilung, Konkurrenzanalyse). Sie sollen dann für Frau Freund einen begründeten Vorschlag an die Geschäftsführung formulieren, ob man die Idee der Erschließung des Teilmarktes für Schulmöbel weiter verfolgen sollte. Halten Sie hier wichtige Stichworte für Ihre Empfehlung fest. Anhand dieser Stichworte schreiben Sie auf einem separaten Blatt einen formal einwandfreien und inhaltlich überzeugenden Fließtext.

Bewerten

a) Tauschen Sie Ihre Texte mit einem anderen Paar aus. Geben Sie sich eine konstruktive Rückmeldung zum Inhalt (z. B. ist die Empfehlung gut begründet?) und zur Form (z. B. ist der Text verständlich, sind Rechtschreibung und Zeichensetzung korrekt, gibt es einen sinnvollen Aufbau und eine entsprechende Absatzbildung?).

Überarbeiten Sie nach der Rückmeldung Ihre eigenen Texte noch einmal.

b) Vergleichen Sie Ihre jetzige Empfehlung mit Ihrer Meinung am Anfang der Lernsituation (siehe Analyse des Einstiegsszenarios, Arbeitsauftrag b). Beschreiben Sie kurz, worin der Unterschied dieser beiden Meinungen besteht.

Führen Sie in der Klasse eine Abstimmung mit anschließender Diskussion durch:
Soll die Bürodesign GmbH versuchen, den Markt für Büromöbel zu erschließen?

Lernergebnisse sichern und vertiefen

Vervollständigen Sie die folgende Übersicht zu Formen der Marktforschung mit den folgenden Begriffen.

Marktanalyse – Marktprognose – Beobachtung – Marktforschung – Panel – Befragung – Interne Quellen – Sekundärerhebung – Tracking – Marktsituation – Marktbeobachtung – Marketingziele – Primärerhebung – Externe Quellen – Experiment – Marktforschung

____
Ermittlung und Aufbereitung von Informationen zum Absatz- und Beschaffungsmarkt

- ______________________ → einmaliger Zeitpunkt z. B. Experiment
- ______________________ → zukunftsbezogen z. B. Farbtrends
- ______________________ → zeitraumbezogen z. B. Panel

____
Eigene oder externe Erhebung neuer Daten

- ______________________ z. B. Fragebogen oder Interview
- ______________________ z. B. Beobachtung des Kundenlaufes im Supermarkt
- ______________________ z. B. Produkttest durch Testpersonen im Labor
- ______________________ z. B. Langzeitbefragung von privaten Haushalten zum Einkaufsverhalten

Spezielle Methoden zur ______________________ im Internet

z. B. ______________________
z. B. Google analysiert und dokumentiert des Verhalten von Internetnutzern

____
Nutzung bereits erhobener und verfügbarer Daten

- ______________________ z. B. Umsatz-/Absatzstatistiken, Reklamationsschreiben, Lagerkennzahlen, Kosten und Leistungsrechnung ...
- ______________________ z. B. Statistiken und Berichte der IHK, Daten aus den Wirtschaftsverbänden, Fachzeitschriften, Studien ...

ZIEL: Schaffung einer fundierten Datenbasis zur aktuellen und zukünftigen ______________________, um die ______________________ zu verfolgen und zu erreichen!

Vertiefung: Marktforschung im Internet

Eine beliebte Form der Primärerhebung von Daten ist die Befragung.

a) Beschreiben Sie Möglichkeiten der online-gestützten Befragung von Kunden

b) Sammeln Sie Vor- und Nachteile einer Online-Befragung gegenüber klassischen Formen der Befragung: Face-to-Face-Interview, telefonische Befragung, Paper-Pencil-Befragung.

a) Möglichkeiten der online-gestützten Befragung von Kunden

b) Vor- und Nachteile der Online-Befragung

c) Klären Sie mithilfe des Internets den Begriff „virales Marketing“.

Übung 1.1: Ökologische Aspekte in der Marketingarbeit

Ökologische Aspekte spielen bei den Zielen der Bürodesign GmbH eine immer wichtigere Rolle und das Kaufverhalten des Kunden wird stark von diesem Punkt beeinflusst. Der Erfolg des Drehstuhls „Ergo-design-natur“ hat gezeigt, dass Öko-Produkte auf dem Möbelmarkt sehr erfolgreich sein können. Das bedeutet auch für die Marketingarbeit, dass ökologisches Handeln des Unternehmens stärker in den Fokus rücken muss. Sammeln Sie Beispiele für ökologisches Handeln der Bürodesign GmbH, die insbesondere von umweltbewussten Kunden wahrgenommen werden.

Ergo-design-natur

Übung 1.2: Marketingziele festlegen

a) Formulieren Sie mögliche Marketingziele der Bürodesign GmbH differenziert nach den Marketinginstrumenten.

Produktpolitische Ziele	Preispolitische Ziele	Distributionspolitische Ziele	Kommunikationspolitische Ziele

Produktpolitische Ziele	Preispolitische Ziele	Distributionspolitische Ziele	Kommunikations-politische Ziele

b) Marketingziele lassen sich auch nach ihrer angestrebten Wirkung im ökonomischen und psychologischen Bereich unterscheiden. Formulieren Sie auch Beispiele für Ziele der Bürodesign GmbH.

Ökonomische Ziele	Psychologische Ziele

c) Die Bürodesign GmbH hat sich das Marketingziel „Gewinnung von Marktanteilen auf dem Teilmarkt Schulmöbel" gesetzt. Legen Sie für dieses Ziel in folgender Tabelle einen Marketingplan mit jeweils einem Teilziel und entsprechenden Maßnahmen fest. Denken Sie dabei an die Festlegung von Messgrößen.

Ziele	Kurzfristige Ziele ← 1 Jahr	Mittelfristige Ziele ← 5 Jahre	Langfristige Ziele ← 10 Jahre

Lernsituation 2: Produkt- und Sortimentspolitik: Marktgerechte Leistungen anbieten

Im internen Unterricht in der Bürodesign GmbH befassen sich die Auszubildenden mit Themen aus dem Marketingbereich. Frau Freund, die Gruppenleiterin Marketing, ist für den Unterricht verantwortlich und möchte als nächstes Thema die Produktpolitik als absatzpolitisches Instrument behandeln. Torsten Menne und Silvia Land freuen sich schon, denn sie wissen, dass Frau Freund immer „echte" Aufgaben in den Unterricht mitbringt und die Arbeitsergebnisse der Auszubildenden anschließend mit in ihre Arbeit im Bereich Marketing einfließen lässt.

Frau Freund: *„Unser neues Thema wird die Produktpolitik sein. Die Produktpolitik wird oft als ‚Herzstück des Marketings' bezeichnet und beeinflusst den Einsatz der anderen Marketinginstrumente stark. Ich werde Ihnen verschiedene Produkte der Bürodesign GmbH mit entsprechenden Informationen vorstellen und aus der Perspektive der Produktpolitik analysieren. Dazu lernen Sie z. B. die Portfolioanalyse kennen, die für die Produktprogrammplanung ein hilfreiches Instrument ist. Abschließend werden Sie dann Vorschläge für produktpolitische Marketingaktivitäten in meiner Abteilung entwickeln. Ich möchte mit Ihnen folgende Produkte genauer betrachten."*

Produktname	**Hokki**			
Information allg.	*Der dynamische Sitzhocker Hokki steht für die Neuausrichtung der Bürodesign GmbH auf dem Schulmöbelmarkt. Der Hocker ist eine Produktinnovation und wird auch in der Fachpresse gefeiert. Nach der Präsentation auf der Didacta 2015 war die Nachfrage nicht zu erfüllen. Die Bürodesign GmbH hat sich den Hokki durch ein Patent auf das Design absichern lassen. Neben Schulen sind auch Büroeinrichter auf den Stuhl aufmerksam geworden und ordern den Hokki mit großen Zuwachsraten.*			
	2017	**2018**	**2019**	**2020**
relativer Marktanteil	0,6	0,8	1,5	1,8
Marktwachstum (%)	–	7,2	8,4	9
Umsatz (Euro)	170.700,00	204.000,00	397.000,00	434.000,00
Gewinn	–54.200,00	–10.300,00	48.000,00	93.000,00

Produktname	**Classico Pia**			
Information allg.	*Der Classico Pia ist ein absoluter Klassiker im Programm der Bürodesign GmbH und Gewinner von Designpreisen in den 80er-Jahren. Dieser Bürostuhl steht für Langlebigkeit, Komfort und Design. Bei Büroeinrichtern ist dieser Klassiker ein „Must-have". Im Vertrieb wird der Bürostuhl trotz hohem Verkaufspreis als Selbstläufer bezeichnet. Der Bürostuhl ist seit 1983 im Programm der Bürodesign GmbH.*			
	2017	**2018**	**2019**	**2020**
relativer Marktanteil	1,3	1,4	1,3	1,3
Marktwachstum (%)	2	2,3	2,4	2,1
Umsatz	701.000,00	730.000,00	712.000,00	760.000,00
Gewinn	140.200,00	143.000,00	135.280,00	152.000,00

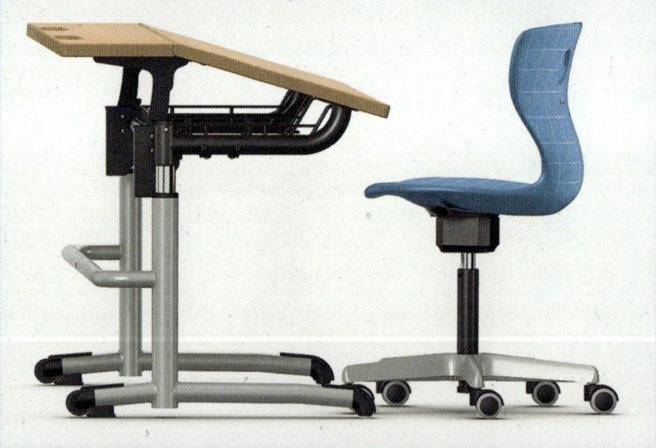

Produktname	**Ergo-III**			
Information allg.	*Dieser dynamische und mitwachsende Schülerschreibtisch ist ein neues Produkt auf dem Schulmöbelmarkt. Das Interesse ist groß und erste Schulen haben sich schon ausstatten lassen. Die Bürodesign GmbH hat stark in die Entwicklung dieses Produktes investiert und ist im Frühjahr 2019 mit einer großen Werbekampagne auf dem Schulmöbelmarkt gestartet.*			
	2017	**2018**	**2019**	**2020**
relativer Marktanteil	–	–	–	0,3
Marktwachstum (%)	–	–	–	8
Umsatz	–	–	–	87.400,00
Gewinn	–	–	–	28.600,00

Produktname	**Helge Top**			
Information allg.	*Der Bürostuhl Helge Top wurde 2001 ins Programm der Bürodesign GmbH aufgenommen und war zu Beginn der 2000er-Jahre ein gefragtes Produkt. Der Bürostuhl ist nie weiterentwickelt worden. Mittlerweile führt die Bürodesign GmbH eine Vielzahl von alternativen Produkten und das Design ist veraltert. Der Hauptumsatz für diesen Stuhl läuft über das Verkaufsstudio Outletstore der Bürodesign GmbH.*			
	2017	**2018**	**2019**	**2020**
relativer Marktanteil	0,4	0,3	0,2	0,2
Marktwachstum	1,1	0,9	0,7	0,3
Umsatz	32.120,00	30.340,00	28.860,00	26.570,00
Gewinn	4.010,00	2.040,00	– 560,00	–2.760,00

Information

Relativer Marktanteil: Kennzahl für das Verhältnis des eigenen Umsatzes zum Umsatz des stärksten Konkurrenten
Marktwachstum: Wachstum des Gesamtmarktes für dieses Produkt

Analyse des Einstiegsszenarios

Sammeln Sie stichwortartig Tätigkeiten in der Bürodesign GmbH, die im Rahmen der Produktpolitik zu erledigen sind.

Frau Freund bezeichnet die Produktpolitik als das „Herzstück des Marketings“. Erläutern Sie diese Aussage.

Begründen Sie, warum Frau Freund verschiedene Produkte der Bürodesign GmbH für die Unterrichtseinheit „Produktpolitik“ nutzt.

Planen

Erklären Sie kurz die Funktion der Portfolioanalyse der Boston Consulting Group (BCG) im Rahmen der Produktpolitik.

Ordnen Sie die vier dargestellten Produkte auf der Basis der Ihnen zur Verfügung stehenden Information (2020) in die BCG-Portfolioanalyse ein. Nutzen Sie die folgenden Symbole stellvertretend für die Produkte.

Produkte	Hokki	Classico Pia	Ergo-III	Helge Top
			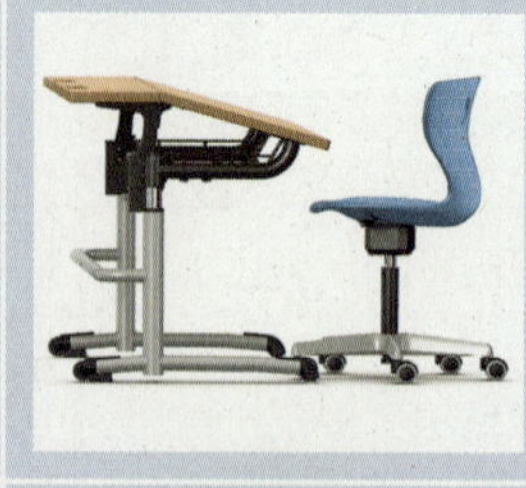	
Symbole	W	P	E	H

Information: Beim Eintragen der Kreise in die BCG-Portfolioanalyse sollte der Durchmesser der Symbole das Verhältnis der Umsätze wiedergeben!

Portfolioanalyse der Boston Consulting Group

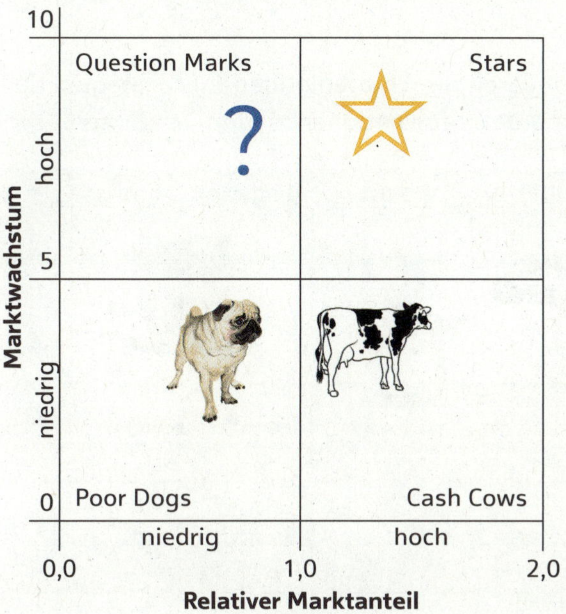

Begründen Sie Ihre Positionierung der Produkte in der BCG-Portfoliomatrix.

Produkt	Hokki (W)	Classico Pia (P)	Ergo-III (E)	Helge Top (H)
Entscheidung				
Begründung				

Durchführen

Tauschen Sie Ihre Ergebnisse mit einem anderen Paar in der Klasse aus. Klären Sie in dieser Gruppe die Gründe für unterschiedliche Positionierungen in der BCG-Portfoliomatrix.

Bewerten

Gehen Sie aus den Gruppen zurück in die Partnerarbeit. Formulieren Sie Empfehlungen für Strategien der Marketingabteilung auf der Grundlage der Portfolioanalyse und der Informationen zu den Produkten.

	Hokki	Classico Pia	Ergo-III	Helge Top
Produkt			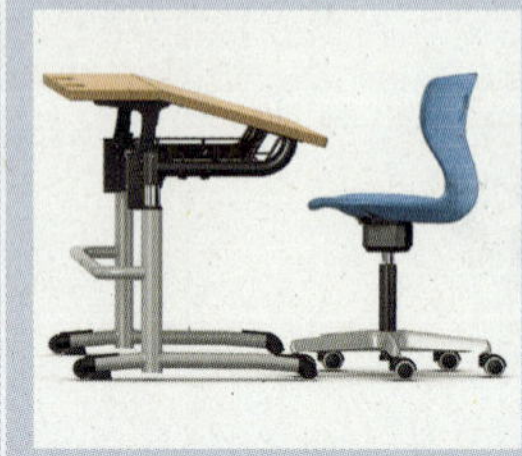	
Marketingstrategien				

Lernergebnisse sichern

Stellen Sie die wichtigsten Inhalte zur Produktpolitik als Marketinginstrument in einer Mindmap dar.

Produktpolitik

Vertiefen

Informieren Sie sich in Ihrem Schulbuch über den idealtypischen Produktlebenszyklus.

Führen Sie die Phasen des BCG-Portfolios mit dem Produktlebenszyklus zusammen. Tragen Sie dazu die Symbole aus dem BCG-Portfolio in das Schaubild zum Produktlebenszyklus ein.

Star	**Cash Cow**	**Question Mark**	**Poor Dogs**
	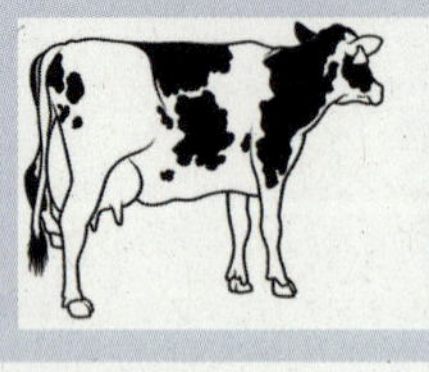	?	

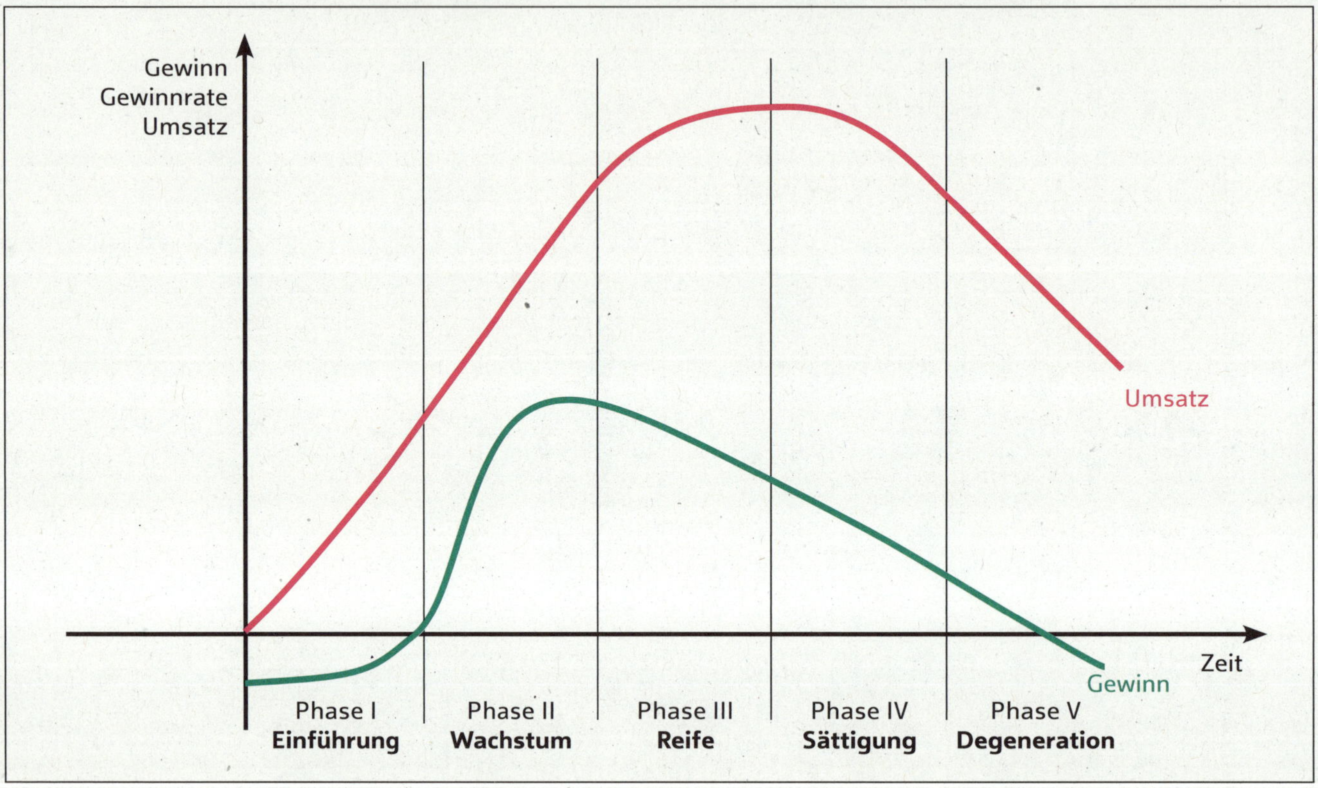

In einem vorherigen Arbeitsschritt haben Sie die vier ausgewählten Produkte der Bürodesign GmbH in das BCG-Portfolio eingeordnet. Beschreiben Sie Gemeinsamkeiten zwischen den beiden Modellen.

Übung 2.1: Preispolitik berücksichtigen

Ermitteln Sie für den Empfangssessel „Waiter“ mithilfe einer Break-even-Point-Analyse, bei welcher Absatzmenge die Gewinnzone erreicht wird. Auf Grundlage von Markterhebungen wird ein Absatz von 1.600 Stück prognostiziert.

Variable Stückkosten	Fixe Kosten	Verkaufspreis
300,00 €	229.600,00 €	628,00 €

Break-even-Point-Analysen: Empfangssessel „Waiter“

Produktions-menge	Fixe Kosten K_f	Variable Kosten K_v	Gesamte Kosten K_G	Verkaufs-erlöse E	Gewinn/ Verlust $E-K_G$
0					
100					
200					
300					
400					
500					
600					
700					
800					
900					
1.000					

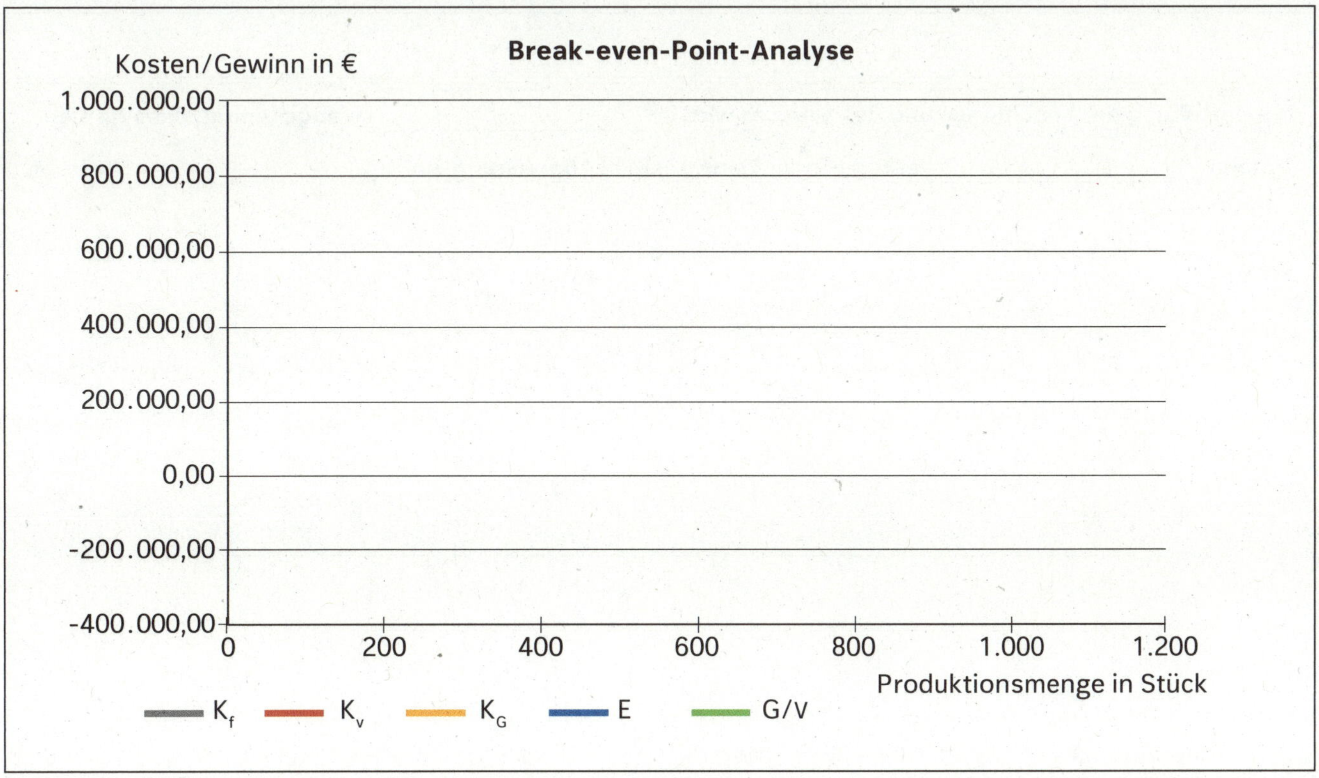

Übung 2.2: Konditionen- und Servicepolitik gestalten

Ergänzen Sie das Schaubild zur Konditionen- und Servicepolitik mit folgenden Begriffen.

Kulanz – Beförderungskosten – Lieferbedingungen – Rabatten – Marketing – Skonti – Kaufanreize – unentgeltliche Leistungen – technischer Support – Zahlungszielen – Konditionen – Konkurrenz

______________ und Servicepolitik

____

Vertragliche Regelungen zu:

____

- Lieferzeit
- Vereinbarungen zur Verpackung

Zahlungsbedingungen

Vertragliche Regelungen zu:

____

____

- Finanzierungen,

____

Kundendienstleistungen

Entgeltliche oder ______________ ______________ des Unternehmens vor, während oder nach dem Kauf eines Produktes wie:

____

- Schulungen
- mobiler Reparaturdienst
- Garantie und ______________

Die Gestaltung der Konditionen und des Services wird im ______________ so abgestimmt, dass für den Kunden ______________ entstehen und eine positive Abgrenzung zur ______________ besteht.

Übung 2.3: Distributionspolitik zur Optimierung der Absatzwege einsetzen

In der Marketingabteilung der Bürodesign GmbH unterhalten sich Frau Freund und ihr Abteilungsleiter Herr Stam über die bevorstehende Sitzung der Abteilung Absatz. Im Mittelpunkt der Sitzung sollen das „neue“ Kaufverhalten der Kunden der Bürodesign GmbH und mögliche Reaktionen des Unternehmens stehen.

Herr Stam: *„Ich bin der Meinung, dass wir den Vertrieb unserer Produkte in Zukunft aufs Internet verlagern sollten. Unsere Geschäftskunden verhalten sich doch nicht anders als die Kundschaft im Handel. Im Internet einkaufen ist doch heute der Regelfall. Was sollen wir uns da noch einen teuren Außendienst leisten und jedes Jahr viel Geld für Hochglanzkataloge ausgeben?“*

Frau Freund: *„Der Meinung war ich auch. Als ich mich dann aber näher mit der Thematik befasst habe, bin ich auf einen interessanten Fachartikel gestoßen. Die Ergebnisse aus diesem Artikel gehen in eine andere Richtung.“*

Herr Stam: *„Das ist interessant! Dann berichten Sie doch in der nächsten Sitzung von dieser Untersuchung. Vielleicht sind die Ergebnisse wichtig für unsere zukünftigen Vertriebsstrategien?“*

Information:

Persönliche Beratung als Grundlage für Onlinebestellungen

Kunden werden von unterschiedlichen Vertriebskanälen beeinflusst – auch Geschäftskunden.

Beim Prozess der Kaufentscheidung macht es den Eindruck, dass sich Geschäftskunden bei der Wahl des Vertriebskanals nicht sonderlich von Endkunden unterscheiden. Ob B2B- oder B2C-Kunde, beide Kundengruppen denken nicht in einem einzelnen Vertriebskanal. Sie greifen auf unterschiedliche Kanäle gleichzeitig zu und lassen sich von diesen beeinflussen. Auch bei Geschäftskunden gehören diese sogenannten Multi-Channel-Käufe zum Tagesgeschäft.

Zur Beurteilung der Bedeutung der verschiedenen Kanäle im B2B-Geschäft wurden mehr als tausend Unternehmen befragt. Im Blickpunkt stand dabei das Informations- und Kaufverhalten dieser Unternehmen. Es wurde deutlich, dass die Mehrheit der Geschäftskunden als Multi-Channel-Käufer unterwegs ist. Sie informieren sich vor dem Kaufabschluss in einem oder zwei alternativen Kanälen. Dabei ist das Internet die Informationsquelle Nummer eins. Vor dem Kauf im persönlichen Kontakt wurde von 72 % und vor der Bestellung über ein Printmedium von 61 % das Internet genutzt, um sich online zu informieren. Dabei wurden Suchmaschinen sowie Marken- oder Herstellerwebsites als Informationsquellen verwendet.

Im B2B-Geschäft ist der persönliche Kontakt eine Grundlage für den erfolgreichen Verkauf.

Im B2B-Bereich spielt der persönliche Kontakt im Kaufentscheidungsprozess eine bedeutende Rolle. Persönliche Beratungsgespräche sind sowohl für den Umsatz von Onlineshops als auch für die Umsätze über Printmedien von großer Wichtigkeit. Die Befragungen haben ergeben, dass 74,6 % der Umsätze in Onlineshops von Kunden erzielt werden, die sich zuvor in einem persönlichen Gespräch informiert haben. Noch höher ist der Anteil bei Printbestellungen. Hier macht der persönliche Kontakt sogar 92,5 % des Gesamtumsatzes aus.

Dabei ist auch die Rolle der Printmedien als wichtiger Impulsgeber nicht zu unterschätzen. Mehr als ein Drittel der Käufer in Onlineshops haben sich zuvor in Katalogen oder Broschüren über die angebotenen Produkte und Leistungen informiert. „Die Nutzung mehrerer Kaufkanäle parallel ist mittlerweile auch im B2B-Geschäft an der Tagesordnung. Kunden übertragen ihr privates Multi-Channel-Verhalten mehr und mehr in ihren Geschäftsalltag“, so die Aussage eines Experten. Die Gründe für den Kanalwechsel im Kaufprozess sind vielfältig.

Es gibt mehrere Gründe, warum Kunden zwischen den unterschiedlichen Vertriebskanälen wechseln.

Ein Erklärungsansatz für den Kanalwechsel hin zum persönlichen Kontakt sind der Wunsch nach persönlicher Beratung sowie das Sehen oder Anfassen der Produkte etwa während einer Präsentation. Der Wechsel in die Distanzvertriebskanäle findet seine Begründung häufig in weiterführenden Produkt- oder Preisinformationen.

1. Klären Sie den Begriff Multi-Channel-Kaufverhalten und ergänzen Sie das Schaubild.

Vertriebskanäle der Bürodesign GmbH (Multi Channel)

Onlinevertrieb

Printmedien wie Kataloge

BÜRODESIGN GMBH
Ein ökologisch orientiertes Unternehmen mit Zukunft

Die Stärke eines Unternehmens liegt im Rückgrat seiner Mitarbeiter!

Deshalb ist unser Ziel:
Ihre Mitarbeiter sollen gut sitzen, damit sie ein besseres Stehvermögen haben!

Alle unsere Büromöbel sind miteinander kombinierbar und geben Ihrem Arbeitsplätzen ein modernes und funktionelles Flair. Ihre Mitarbeiter sollen sich wohlfühlen.

Ein wichtiges Anliegen ist uns die Ergonomie am Arbeitsplatz.

Büromöbel sollen sich den Bedürfnissen Ihrer Mitarbeiter anpassen und nicht umgekehrt.

Hierzu berücksichtigen wir stets die neusten Erkenntnisse der Arbeitsmedizin und Vorschriften der Berufsgenossenschaften für die Gestaltung von Büroarbeitsplätzen.
Ein weiteres Prinzip unseres Unternemens ist die ökologische Produktion von umweltverträglichen Büromöbeln. Wir verwenden ausschließlich Materialien, die frei von Schadstoffen und recycelbar sind.
Deshalb erhalten Sie zu jedem Produkt eine Ausstellung der verwendeten Materialien. Zusätzlich sind die verwendeten Stoffe auf unseren Produkten besonders gekennzeichnet. Übrigens, es versteht sich von selbst, dass wir keine Tropenhölzer verwenden.

Sie sehen, uns liegt die Umwelt am Herzen, genau wie Ihnen!

Die Palette unserer Erzeugnisse umfasst folgende Produktgruppen:

- **Arbeiten am Schreibtisch**
- **Warten und Empfang**
- **Konferenzen und Schulung**

Unser Katalog gibt Ihnen nur einen kleinen Überblick über unser Angebot.
Bei Bedarf stehen Ihnen unsere qualifizierten Einrichtungsberater zur Verfügung.
Rufen Sie uns einfach an, wir vereinbaren gerne einen Besuchstermin.

BÜRODESIGN GMBH
Stolberger Straße 188, 50933 Köln
E-Mail: info@buerodesign-online.de
Telefon: 0221 668-35, Telefax: 0221 668-357
www.buerodesign-online.de

Persönlicher Kontakt über Außendienst etc.

2. Lesen Sie den Fachtext und fassen Sie die wichtigsten Aussagen zusammen.

3. Die Mitarbeiter und Mitarbeiterinnen der Marketingabteilung reagieren überrascht auf die Ergebnisse des Fachartikels Insbesondere Herr Stams Aussage „*Unsere Geschäftskunden verhalten sich doch nicht anders als die Kundschaft im Handel. Im Internet einkaufen ist doch heute der Regelfall. Was sollen wir uns da noch einen teuren Außendienst finanzieren und jedes Jahr viel Geld für Hochglanzkataloge ausgeben?*“ wird infrage gestellt.

Formulieren Sie drei strategische Maßnahmen für das Marketing der Bürodesign GmbH, die auf der Grundlage des Fachartikels sinnvoll erscheinen.

Übung 2.4: Neue Wege im E-Commerce nutzen

Viele Hersteller vertreiben ihre Produkte direkt über einen Onlineshop. Bei der Gestaltung der Webseite für den Onlineshop werden mittlerweile auch die Käufer über ein mobiles Endgerät (Smartphone/Tablet) stärker berücksichtigt. Fassen Sie die Ergebnisse der folgenden Befragung von Onlineshoppern zusammen.

ONLINESHOPPING MIT DEM SMARTPHONE

Der Großteil der Umsätze ist mobil, das Smartphone ersetzt vor allem den PC/Laptop zu Hause.

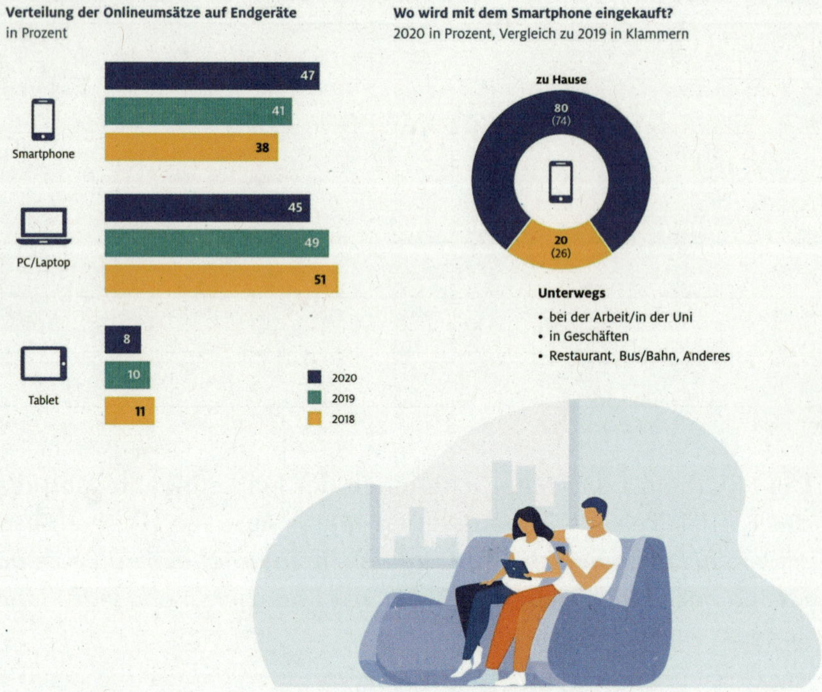

Übung 2.5: Einen Werbeplan erstellen

Die Werbeplanung für den neuen dynamischen Sitzhocker Hokki muss sorgfältig vorbereitet werden. Dabei gilt es, die Inhalte festzulegen. Ergänzen Sie die fehlenden Fachbegriffe in der Tabelle und formulieren Sie für die jeweilige Fragestellung der Werbeplanung ein Beispiel.

______ Welches Ziel soll verfolgt werden?	
______ Was soll der Zielgruppe in der Werbung mitgeteilt werden?	
______ Womit wird geworben?	
______ Welche Medien werden eingesetzt?	
______ Welche Zielgruppe soll angesprochen werden?	
______ Wann soll geworben werden?	
______ Wo soll geworben werden?	
______ Wie viel steht für die Werbung zur Verfügung?	

Übung 2.6: Den Marketingmix auf seinen Erfolg untersuchen und gängige Kennziffern berechnen

Frau Freund, die Gruppenleiterin des Marketings, ist genervt: *„Nun soll ich in der nächsten Woche unseren Geschäftsführen den Erfolg unseres Marketingmixes für die Produktgruppe ‚Konferenz und Schulung' aufzeigen. Mir fehlen noch die Kennzahlen, um zu belegen, welchen Anteil der Marketingmix auf den Unternehmenserfolg hat! Ich brauche dringend die Daten aus dem Controlling und der Marktforschung."*

Berechnen Sie die folgenden Kennziffern aufgrund der vorliegenden Daten.

	Vorjahr	Aktuelles Jahr
Umsatz Bürodesign GmbH	63 Millionen €	62 Millionen €
Marktvolumen Büromöbel	2,17 Milliarden €	2,3 Milliarden €

Kennziffer: Marktanteil

Formel

Marktanteil (%) im Vorjahr: ____________________

Marktanteil (%) im aktuellen Jahr: ____________________

Kennziffer: Marktwachstum

Formel

Marktwachstum: ____________________

Beurteilen Sie die berechneten Kennziffern im Zusammenhang mit dem Einsatz der Marketingmix-Aktivitäten der Bürodesign GmbH.

____

____

____

____

____

____

Actiforce, LA Bunschoten-Spalenburg: 152.1.

Alfred Ritter GmbH & Co. KG, Waldenbuch: 101.1.

Bitkom, Berlin: 198.2.

Bundesanstalt für Landwirtschaft und Ernährung, Bonn: 169.3.

Fairtrade Deutschland, Köln: 102.1, 169.1.

Foto Stephan - Behrla Nöhrbaß GbR, Köln: 34.1, 38.1, 47.1, 58.1, 93.1, 147.1, 175.1.

fotolia.com, New York: Titel; Aaron Kohr 140.2; andreas reimann 105.3, 186.1, 188.2, 190.2; Dark Vectorangel 187.1, 188.4, 190.4; Diaturkey 92.3; Erin Mawby 92.4; fischer-cg.de 196.5; fovito 137.1; Frank Herrmann 196.3; Franz Pfluegl 181.1; goran 177.3; Goran Bogicevic 196.4; GRAPHIC 59.2, 62.1; Helix 92.1; Kaarsten 103.3; Kadmy 155.1; Martin Schmid 92.2; Pona 189.1, 192.2; pressmaster 185.1; Roman Dekan 189.2, 192.1; RRF 105.2; Spectral-Design 178.1; StarSoftGX 111.1; Styleuneed 140.3, 177.1, 183.1; Trueffelpix 13.1; Yuri Arcurs 196.2; Zerbor 103.1.

Handelsverband Deutschland – HDE e.V., Berlin: 198.1.

Inter IKEA Systems B.V.: 103.2, 152.2.

Jouve Germany GmbH & Co. KG, München: Titel, 45.1, 49.1, 49.2, 53.1, 55.1, 58.2, 59.1, 59.3, 61.1, 61.2, 62.2, 70.1, 71.1, 71.2, 74.1, 79.1, 81.1, 82.1, 82.2, 86.1, 104.1, 105.1, 107.1, 109.1, 127.1, 128.1, 128.2, 129.1, 129.2, 131.1, 133.1, 139.1, 140.1, 141.1, 143.1, 144.1, 144.2, 146.1, 158.1, 160.1, 161.1, 161.2, 170.1, 170.2, 177.2, 193.1, 196.1, 200.1.

Picture-Alliance GmbH, Frankfurt a.M.: dpa-infografik 123.1.

Shutterstock.com, New York: Kalina, Alexander 20.1; Twin Design 182.2.

stock.adobe.com, Dublin: Elnur 84.1; fatihyalcin 70.2, 72.1; Kaesler Media 17.1; nmann77 52.1; undrey 182.1.

TÜV SÜD Product Service GmbH Zertifizierstelle, München: 169.4; ® eingetragene EU-Marke 169.2.

VS Vereinigte Spezialmöbelfabriken GmbH & Co. KG, Taubersbischofsheim: 185.2, 186.2, 188.1, 188.3, 190.1, 190.3, 199.1.